Guttentagsche Sammlung
von
Textausgaben ohne Anmerkungen mit Sachregister.

Die
Kriegssteuergesetze.

Rücklagegesetz mit Ausführungsbestimmungen, Kriegssteuer- und Besitzsteuer-Gesetz mit Ausführungsbestimmungen und Novellen, Tabakabgaben-, Frachturkundenstempel-, Post- und Telegraphengebühren- und Warenumsatzsteuer-Gesetz.

Zweite erweiterte Auflage

Berlin 1917
J. Guttentag, Verlagsbuchhandlung,
G. m. b. H.

Inhalt.

Die Kriegssteuergesetze.

I. Gesetz über vorbereitende Maßnahmen zur Besteuerung der Kriegsgewinne

(sog. Rücklagegesetz).

Vom 24. Dezember 1915.

(RGBl. S. 837 ff.)

Wir Wilhelm, von Gottes Gnaden Deutscher Kaiser, König von Preußen usw. verordnen im Namen des Reichs, nach erfolgter Zustimmung des Bundesrats und des Reichstags, was folgt:

§ 1. Aktiengesellschaften, Kommanditgesellschaften auf Aktien, Berggewerkschaften und andere Bergbau treibende Vereinigungen, letztere, sofern sie die Rechte juristischer Personen haben, Gesellschaften mit beschränkter Haftung und eingetragene Genossenschaften, die im Deutschen Reiche ihren Sitz haben, sind verpflichtet, fünfzig vom Hundert des in einem Kriegsgeschäftsjahr erzielten Mehrgewinns (§ 4) in eine zu bildende Sonderrücklage einzustellen.

Ist der Gewinn aus einem beim Inkrafttreten dieses Gesetzes abgelaufenen Kriegsgeschäftsjahre bereits verteilt, so sind etwaige freiwillige Rückstellungen dieses Jahres bis zum Betrage von fünfzig vom Hundert des Mehrgewinns der Sonderrücklage zuzuführen. Sind freiwillige Rückstellungen nicht gemacht worden oder erreichen sie diese Höhe nicht, so ist ein Betrag von fünfzig vom Hundert des Mehrgewinns oder der noch fehlende Betrag aus dem Mehrgewinne der nächsten Kriegsgeschäftsjahre jedesmal vorweg zu entnehmen und der Sonderrücklage zuzuführen. Außerdem ist daneben die Hälfte des restlichen Mehrgewinns in die Sonderrücklage einzustellen. Rücklagen für Wohlfahrtszwecke sind nicht als freiwillige Rückstellungen im Sinne dieser Vorschrift anzusehen.

Im Falle des Abs. 2 dürfen Gewinnbeträge, die zu ausschließlich gemeinnützigen Zwecken bestimmt worden sind und deren dauernde Verwendung zu solchen Zwecken gesichert ist, von dem Geschäftsgewinne des beim Inkrafttreten dieses Gesetzes abgelaufenen Kriegsgeschäftsjahrs abgesetzt werden.

§ 2. Als Kriegsgeschäftsjahre im Sinne dieses Gesetzes gelten die drei aufeinanderfolgenden Geschäftsjahre, deren erstes noch den Monat August 1914 mitumfaßt oder bei einer später gegründeten Gesellschaft mitumfassen würde, wenn sie damals schon bestanden hätte.

§ 3. Geschäftsgewinn im Sinne dieses Gesetzes ist der in einem Geschäftsjahr erzielte, nach den gesetzlichen Vorschriften und den Grundsätzen ordnungsmäßiger kaufmännischer Buchführung berechnete Bilanzgewinn. Abschreibungen sind insoweit zu berücksichtigen, als sie einen angemessenen Ausgleich der Wertverminderung darstellen.

§ 4. Als Mehrgewinn im Sinne dieses Gesetzes gilt der Unterschied zwischen dem durchschnittlichen früheren Geschäftsgewinn (§ 5) und dem jeweils in einem Kriegsgeschäftsjahr erzielten Geschäftsgewinne.

Die Unterschiedsbeträge werden auf volle Tausende nach unten abgerundet. Beträge unter fünftausend Mark bleiben außer Betracht.

§ 5. Der durchschnittliche frühere Geschäftsgewinn (§ 4) ist nach den Ergebnissen der fünf den Kriegsgeschäftsjahren vorangegangenen Geschäftsjahre oder, wenn eine Gesellschaft noch nicht so lange besteht, nach den Ergebnissen der kürzeren Zeit, für welche Jahresabschlüsse vorliegen, zu berechnen. Besteht eine Gesellschaft schon fünf Jahre, so haben für die Berechnung des Durchschnittsgewinns die beiden Geschäftsjahre mit den besten und den schlechtesten Geschäftsergebnissen auszuscheiden.

Hat innerhalb der fünf den Kriegsgeschäftsjahren vorangegangenen Geschäftsjahre eine Vermehrung des eingezahlten Grund- oder Stammkapitals stattgefunden, so wird dem Geschäftsgewinne für die vor der Vermehrung liegende Zeit ein Betrag von fünf vom Hundert jährlich des der Gesellschaft durch die Neueinzahlungen tatsächlich zugeflossenen Kapitalbetrags zugerechnet.

Als früherer Durchschnittsgewinn wird mindestens ein Betrag von fünf vom Hundert des eingezahlten Grund- oder Stammkapitals angenommen zuzüglich des Mehrbetrags, der zur Verteilung einer etwaigen höheren festen Vorzugsdividende für bevorrechtigte Aktien notwendig gewesen wäre. Das Grundkapital einer Berggewerkschaft oder einer Bergbau treibenden Vereinigung ist aus dem Erwerbspreis und den Anlage- und Erweiterungskosten abzüglich des durch Schuldaufnahme gedeckten Aufwandes hierfür zu berechnen. An Stelle des Grundkapitals tritt bei eingetragenen Genossenschaften die Summe der eingezahlten Geschäftsanteile der Genossen.

Der im Abs. 3 vorgesehene Betrag wird als Mindestbetrag auch zugrunde gelegt, wenn ein volles Geschäftsjahr vor den Kriegsgeschäftsjahren nicht vorliegt. In diesem Falle werden jedoch für Aktien oder Anteile, die zu einem den Nennwert übersteigenden Preise ausgegeben worden sind, die fünf Hundertstel von dem Kapitale berechnet, das der Gesellschaft als Einzahlung auf ihre Aktien oder Anteile tatsächlich zugeflossen ist.

Hat sich das eingezahlte Grund- oder Stammkapital einer Gesellschaft während der Kriegsgeschäftsjahre vermehrt, so ist für die Zeit nach der Vermehrung dem durchschnittlichen früheren Geschäftsgewinn ein Betrag von fünf vom Hundert jährlich des der Gesellschaft durch die Neueinzahlungen tatsächlich zugeflossenen Kapitalbetrags hinzuzurechnen.

§ 6. Gesellschaften der im § 1 bezeichneten Art, die ihren Sitz im Ausland haben, aber im Inland einen Geschäftsbetrieb unterhalten, sind gleichfalls zur Bildung einer Sonderrücklage verpflichtet. Die Pflicht beschränkt sich auf den Mehrgewinn, der auf den inländischen Geschäftsbetrieb entfällt. Die Grundsätze, die bei einer bundesstaatlichen Einkommensteuerveranlagung für die Ausscheidung des auf den inländischen Geschäftsbetrieb entfallenden Teiles des steuerbaren Gesamteinkommens maßgebend waren, sind auch bei der Berechnung des auf den inländischen Betrieb entfallenden Teiles des Mehrgewinns anzuwenden. Wo eine Einkommensteuer nicht eingeführt ist, hat die Landesregierung entsprechende Vorschriften zu erlassen.

Die Ausführung der durch dieses Gesetz begründeten Verpflichtungen liegt den Vorstehern der inländischen Niederlassungen ob.

§ 7. Von der Verpflichtung zur Bildung einer Sonderrücklage befreit sind inländische Gesellschaften, die nach der Entscheidung des Bundesrats ausschließlich gemeinnützigen Zwecken dienen.

§ 8. Die Sonderrücklage ist der freien Verfügung der Gesellschaften entzogen, getrennt von dem sonstigen Vermögen zu verwalten und in Schuldverschreibungen des Deutschen Reichs oder eines Bundesstaats anzulegen. Die Verwahrung und Verwaltung erfolgt, auch bei ausländischen Gesellschaften, im Inland.

Der Reichskanzler kann Ausnahmen von den Vorschriften des Abs. 1 bewilligen.

Die Zinsen der Sonderrücklage fließen den sonstigen Einnahmen zu.

Bleibt der Geschäftsgewinn eines Kriegsgeschäftsjahrs hinter dem durchschnittlichen früheren Geschäftsgewinne (§ 5) zurück, so ist die Gesellschaft berechtigt, aus der Sonderrücklage den Betrag zu entnehmen, um den etwa die Sonderrücklage die Hälfte des im Gesamtergebnisse der abgelaufenen Kriegsgeschäftsjahre erzielten Mehrgewinns übersteigt.

Die Sonderrücklage ist auch im Falle der Auflösung einer Gesellschaft der freien Verfügung der Liquidatoren so lange entzogen, als nicht durch das künftige Gesetz über die Besteuerung der Kriegsgewinne über ihre Verwendung Bestimmung getroffen ist.

§ 9. Die Mitglieder des Vorstandes, persönlich haftenden Gesellschafter, Repräsentanten, Geschäftsführer oder Liquidatoren der pflichtigen Gesellschaften (§ 1), bei ausländischen Gesellschaften die Vorsteher der inländischen Niederlassungen (§ 6), die den Vorschriften dieses Gesetzes über die Bildung oder Verwaltung der Sonderrücklage vorsätzlich oder fahrlässig zuwiderhandeln und dadurch die Erhebung der Kriegsgewinnsteuer gefährden, werden mit Geldstrafe bis zu dreißigtausend Mark bestraft.

Sie haften für den Schaden, der durch ihr Verschulden dem Fiskus aus der Nichterfüllung der durch dieses Gesetz begründeten Verpflichtungen erwächst; sind für den Schaden mehrere verantwortlich, so haften sie als Gesamtschuldner.

§ 10. Der Bundesrat ist ermächtigt, die Vorschriften dieses Gesetzes auf andere als die im § 1 bezeichneten juristischen Personen auszudehnen.

Er ist ferner befugt, Ausführungsbestimmungen zu erlassen und Zuwiderhandlungen mit Geldstrafe bis zu eintausendfünfhundert Mark zu bedrohen.

§ 11. Dieses Gesetz tritt am Tage seiner Verkündung in Kraft.

Urkundlich unter Unserer Höchsteigenhändigen Unterschrift und beigedrucktem Kaiserlichen Insiegel.

Gegeben Großes Hauptquartier, den 24. Dezember 1915.

Wilhelm

(L. S.) von Bethmann Hollweg.

II. Ausführungsbestimmungen des Bundesrats zum Gesetz über vorbereitende Maßnahmen zur Besteuerung der Kriegsgewinne vom 24. Dezember 1915.

Vom 27. Januar 1916.

(Zentralblatt für das Deutsche Reich S. 27.)

§ 1. Soweit andere juristische Personen des bürgerlichen Rechtes als die im § 1 des Gesetzes bezeichneten eine auf Erwerb gerichtete Tätigkeit ausüben, bestimmt der Bundesrat, ob und in welchem Umfang die Vorschriften des Gesetzes auf sie auszudehnen sind.

Die obersten Landesfinanzbehörden teilen dem Reichskanzler mit, für welche juristische Personen in ihrem Verwaltungsbereiche die Ausdehnung der Vorschriften des Gesetzes in Betracht kommt.

§ 2. Die in §§ 1 und 6 des Gesetzes bezeichneten Gesellschaften sowie die durch den Bundesrat ihnen gleichgestellten juristischen Personen haben die Geschäftsberichte und Jahresabschlüsse nebst den Gewinn- und Verlustrechnungen der Friedensgeschäftsjahre (§ 5 des Gesetzes) und der Kriegsgeschäftsjahre (§ 2 des Gesetzes) sowie die darauf bezüglichen Beschlüsse der Generalversammlungen der von der obersten Landesfinanzbehörde bestimmten Behörde zu einem von ihr festzusetzenden Zeitpunkt einzureichen. Inländische Gesellschaften haben die Geschäftsberichte usw. in dem Bundesstaat einzureichen, in dem sie ihren Sitz haben. Ausländische Gesellschaften haben die Einreichung in dem Bundesstaate zu bewirken, auf den der größte Teil ihres inländischen Geschäftsbetriebs entfällt. In Zweifelsfällen entscheidet der Bundesrat. Die Bildung der gesetzlichen Sonderrücklage ist, soweit sie nicht ohne weiteres aus den eingereichten Bilanzen oder Jahresabschlüssen ersichtlich ist, der zuständigen Behörde unter Beifügung einer Berechnung des Mehrgewinns (§ 4 des Gesetzes) nachzuweisen.

Die verantwortlichen Leiter der Gesellschaften (§ 9 des Gesetzes) können zur Erfüllung der ihnen nach Abs. 1 obliegenden Verpflichtungen durch Geldstrafen bis zu fünfhundert Mark angehalten werden. Die zuständige Behörde wird durch die oberste Landesfinanzbehörde bestimmt.

§ 3. Bei der erstmaligen Einreichung der Jahresabschlüsse ist ersichtlich zu machen, um welche Beträge der Mehrgewinn eines Kriegsgeschäftsjahrs auf Grund des § 1 Abs. 3 des Gesetzes gekürzt worden ist. Dabei ist anzugeben, zu welchen ausschließlich gemeinnützigen Zwecken die Beträge, deren Absetzung vom Geschäftsgewinne beansprucht wird, bestimmt worden sind und in welcher Weise ihre dauernde Verwendung zu ausschließlich gemeinnützigen Zwecken gesichert ist. Sind solche Beträge im Eigentume der Gesellschaft verblieben, so ist die Absetzung vom Geschäftsgewinne gemäß § 1 Abs. 3 des Gesetzes nur zulässig, wenn besondere Vorkehrungen und Einrichtungen getroffen sind, welche die Verwendung zu anderen als ausschließlich gemeinnützigen Zwecken und insbesondere die Wiederverwendung im Interesse der Gesellschaft selbst als ausgeschlossen erscheinen lassen.

Die Kürzung des für die Bildung der Sonderrücklage zu berechnenden Mehrgewinns gemäß § 1 Abs. 3 des Gesetzes ist nur für ein Kriegsgeschäftsjahr zulässig, über dessen Geschäftsgewinn beim Inkrafttreten des Gesetzes bereits verfügt ist.

§ 4. Die im Eigentume der Gesellschaft verbliebenen Rücklagen für Wohlfahrtszwecke im Sinne des § 1 Abs. 2 Satz 4 des Gesetzes dürfen vom Geschäftsgewinne des betreffenden Geschäftsjahrs nur abgesetzt werden, wenn sie zugleich die Voraussetzungen des § 1 Abs. 3 des Gesetzes erfüllen. Auch soweit diese Rücklagen nicht vom Geschäftsgewinn abgesetzt werden dürfen, sind die Gesellschaftsleiter nicht verpflichtet, sie gleich den anderen freiwilligen Rückstellungen (§ 1 Abs. 2 Satz 1 des Gesetzes) der Sonderrücklage zuzuführen.

§ 5. Die Vorschriften im § 1 Abs. 2 Satz 4 und § 1 Abs. 3 des Gesetzes beziehen sich nur auf Rückstellungen und Zuwendungen, die aus dem Bilanzgewinne gemacht worden sind, dagegen nicht auf die als Geschäftsunkosten anzusehenden Zuwendungen an die zu militärischen Dienstleistungen einberufenen Arbeiter und Angestellten oder deren Angehörige und die sonstigen, während des Geschäftsjahrs gemachten laufenden Wohlfahrtsausgaben.

§ 6. Die Vorschriften des § 3 Satz 1 und Satz 2 des Gesetzes gelten für die Feststellung des Geschäftsgewinns der Kriegsgeschäftsjahre und der Friedensgeschäftsjahre.

§ 7. Bei Gesellschaften mit beschränkter Haftung und eingetragenen Genossenschaften, die ausschließlich der gemeinschaftlichen Verwertung von Erzeugnissen der Gesellschafter oder Genossen oder dem gemeinschaftlichen Einkaufe von Waren für die Gesellschafter oder Genossen dienen, gilt als Geschäftsgewinn im Sinne des Gesetzes nicht derjenige Teil des Reingewinns, der als Entgelt für die von den Gesellschaftern oder Genossen eingelieferten Erzeugnisse oder als Rückvergütung auf den Kaufpreis der von den Gesellschaftern oder Genossen bezogenen Waren anzusehen ist.

Ebenso scheidet bei Versicherungsgesellschaften für die Feststellung des Geschäftsgewinns im Sinne des Gesetzes derjenige Teil des Reingewinns aus, der auf die den Versicherten selbst als sogenannte Dividende zurückzugewährenden Prämienüberschüsse entfällt.

§ 8. Die Vorschrift im § 3 Satz 2 des Gesetzes gilt nicht nur für die Abschreibungen, die durch unmittelbare Einstellung des wirklichen zeitigen Wertes in die Bilanz erfolgen, sondern auch für die Abschreibungen, die durch Ansetzung des ursprünglichen Wertes unter bilanzmäßiger Gegenüberstellung eines besonderen, die Wertverminderung darstellenden Kontos (Erneuerungs-, Delkrederekonto) erfolgen.

Inwieweit Abschreibungen einen angemessenen Ausgleich der Wertverminderung darstellen, ist unter Berücksichtigung der besonderen Verhältnisse des einzelnen Unternehmens, insbesondere auch unter Berücksichtigung der durch den Krieg und durch die spätere Überführung in die Friedenswirtschaft bedingten Veränderungen nach den Grundsätzen eines ordentlichen Kaufmanns zu beurteilen.

§ 9. Ist zur Fortführung desselben Unternehmens eine Gesellschaft der im § 1 des Gesetzes bezeichneten Art in eine andere Gesellschaft der im § 1 des Gesetzes bezeichneten Art umgewandelt worden, so sind für die Festsetzung des durchschnittlichen früheren Geschäftsgewinns (§ 5 des Gesetzes) die Ergebnisse der Gesellschaft in der früheren Form mitzuberücksichtigen.

Auf Fusionen finden, soweit sie mit einer Kapitalsvermehrung der aufnehmenden Gesellschaft verbunden sind, die Vorschriften des § 5 Abs. 2 und 5 des Gesetzes über Vermehrungen des Grund- oder Stammkapitals entsprechende Anwendung. Bei der Feststellung des der Gesellschaft tatsächlich zugeflossenen Kapitalbetrags sind Sacheinlagen mit ihrem gemeinen Werte anzusetzen.

Würde die Anwendung der Vorschriften des § 5 des Gesetzes in einem einzelnen Falle zu einer besonderen Härte führen, so kann der Reichskanzler vorbehaltlich der späteren Beschlußfassung des Bundesrats eine anderweite Festsetzung des durchschnittlichen früheren Geschäftsgewinns auf Antrag der pflichtigen Gesellschaft vorläufig genehmigen. Derartige Anträge sind dem Reichskanzler durch Vermittlung der obersten Landesfinanzbehörde vorzulegen.

§ 10. Gemäß § 8 Abs. 4 des Gesetzes dürfen Mindergewinne von Kriegsgeschäftsjahren mit Mehrgewinnen anderer Kriegsgeschäftsjahre ausgeglichen werden; die Sonderrücklage braucht nicht mehr als die Hälfte des Mehrgewinns auszumachen, der dem Gesamtergebnis aller abgeschlossenen Kriegsgeschäftsjahre entspricht.

§ 11. Wird die Befreiung von der Verpflichtung zur Bildung einer Sonderrücklage auf Grund des § 7 des Gesetzes beansprucht, so ist der Antrag mit einer gutachtlichen Äußerung der gemäß § 2 der Ausführungsbestimmungen bestimmten Behörde durch Vermittlung der obersten Landesfinanzbehörde dem Bundesrate vorzulegen.

Anträge auf Bewilligung von Ausnahmen auf Grund des § 8 Abs. 2 des Gesetzes sind dem Reichskanzler durch Vermittlung der obersten Landesfinanzbehörde vorzulegen.

III. Preußische Ausführungsvorschriften vom 11. Februar 1916 zum Gesetz über vorbereitende Maßnahmen zur Besteuerung der Kriegsgewinne.

(Sonderdruck, herausgegeben im Finanzministerium.)

Inländische Gesellschaften.

Art. 1. Aktiengesellschaften, Kommanditgesellschaften auf Aktien, Berggewerkschaften und andere Bergbau treibende Vereinigungen, letztere, falls sie die Rechte juristischer Personen haben, Gesellschaften mit beschränkter Haftung und eingetragene Genossenschaften sind, sofern sie im Deutschen Reiche ihren Sitz haben, verpflichtet, dem Vorsitzenden der Einkommensteuer-Veranlagungskommission desjenigen Bezirkes, in dem sie ihren Sitz haben, bis zum 1. Juni 1916

1. die Geschäftsberichte und Jahresabschlüsse nebst den Gewinn- und Verlustrechnungen der Friedensgeschäftsjahre und der Kriegsgeschäftsjahre, sowie die darauf bezüglichen Beschlüsse der Generalversammlungen und
2. eine Berechnung ihres Mehrgewinns einzureichen und

3. die Bildung der gesetzlichen Sonderrücklage, soweit sie nicht ohne weiteres aus den eingereichten Bilanzen oder Jahresabschlüssen ersichtlich ist, nachzuweisen (§ 2 Bund-A.).

Eine Berechnung des Mehrgewinns ist in allen Fällen einzureichen, also auch dann, wenn die Höhe der Sonderrücklage ohne weiteres aus der Bilanz hervorgeht.

Für diejenigen Kriegsgeschäftsjahre, für welche bis zu dem oben festgesetzten Termin Abschlüsse noch nicht vorliegen, sind die vorstehenden Verpflichtungen spätestens 4 Wochen nach Feststellung des Abschlusses zu erfüllen.

Die Einreichung von Geschäftsberichten und Generalversammlungsbeschlüssen ist nur zu fordern, soweit deren Aufstellung gesetzlich vorgeschrieben ist.

Die Vorsitzenden der Veranlagungskommissionen können eine Verlängerung der Fristen bewilligen.

Von der Einreichung der Geschäftsberichte usw. kann abgesehen werden, wenn solche schon behufs Veranlagung zur Einkommensteuer eingereicht sind.

Ausländische Gesellschaften.

Art. 2. Gleiche Verpflichtungen (Artikel 1) liegen den ausländischen Gesellschaften ob, die Geschäftsbetriebe im Inland unterhalten. Sie haben die Einreichung in demjenigen Bundesstaate zu bewirken, auf den der größte Teil ihres inländischen Gewerbebetriebs entfällt. Ergeben sich in einem Einzelfalle Zweifel, welcher Bundesstaat hiernach in Betracht kommt, so ist behufs Einholung einer Entscheidung des Bundesrats durch Vermittlung des Vorsitzenden der Berufungskommission an den Finanzminister zu berichten (§ 6 des Gesetzes, § 2 Bund-A.).

Als Ausland gelten auch die deutschen Schutzgebiete.

Sonstige juristische Personen.

Art. 3. Nach § 10 des Gesetzes ist der Bundesrat ermächtigt, die Vorschriften des Gesetzes auf andere juristische Personen des bürgerlichen Rechtes als die im § 1 des Gesetzes bezeichneten auszudehnen. Bis zum 1. Juni 1916 hat der Vorsitzende der Berufungskommission dem Finanzminister zu berichten, ob und welche juristische Personen seines Bezirkes hierfür in Betracht kommen.

In Frage kommen nur juristische Personen des bürgerlichen Rechtes, die eine auf Erwerb gerichtete Tätigkeit ausüben, dagegen nicht juristische Personen des öffentlichen Rechtes.

Befreiungen.

Art. 4. Gemäß § 7 des Gesetzes sind inländische Gesellschaften, die nach der Entscheidung des Bundesrats ausschließlich gemeinnützigen Zwecken dienen, von der Verpflichtung zur Bildung einer Sonderrücklage befreit. Darauf gerichtete Anträge sind mit gutachtlichen Äußerungen des Vorsitzenden der Veranlagungskommission und des Vorsitzenden der Berufungskommission dem Finanzminister zur Herbeiführung der Entscheidung des Bundesrats einzeln vorzulegen. Die Vorlage hat zu unterbleiben, wenn sich ohne weiteres übersehen läßt, daß ein Mehrgewinn im Sinne des Gesetzes nicht vorliegt.

Listenführung, öffentliche Aufforderung.

Art. 5. Der Vorsitzende der Veranlagungskommission fertigt alsbald ein Verzeichnis aller in seinem Bezirke vorhandenen nichtphysischen Personen an, welche den Vorschriften des Gesetzes unterliegen. Das Verzeichnis hat besondere Spalten für die Firma,

den Ort des Gewerbebetriebs und den Sitz der Gesellschaft,

den Tag des Einganges der Abschlüsse usw.

zu enthalten, sowie eine weitere Spalte, in der stattgehabte Erörterungen, festgesetzte Strafen, Angaben, ob die Gesellschaft als gemeinnützige anerkannt ist, und andere notwendige Vermerke aufzunehmen sind.

Der Vorsitzende übersendet jeder dieser Gesellschaften durch die Post — als Drucksache — einen Abdruck der vom Finanzminister im Reichs- und Staatsanzeiger veröffentlichten Bekanntmachung vom 11. Februar 1916.

Wegen der Aufforderung der im Artikel 3 bezeichneten Personen ergeht besondere Bestimmung.

Wiederholte Aufforderung zur Einreichung der Abschlüsse unter Strafandrohung.

Art. 6. Bleibt eine Gesellschaft mit der Einreichung der Abschlüsse usw. im Verzuge, so hat der Vorsitzende der Veranlagungskommission den verantwortlichen Leiter der Gesellschaft unter Androhung einer angemessenen Geldstrafe (§ 2 Abs. 2 Bund-A.) aufzufordern, binnen einer Frist von 14 Tagen seinen Verpflichtungen zu genügen. Bleibt diese Aufforderung fruchtlos, so ist die Strafe festzusetzen und die Aufforderung mit erneuter Strafandrohung zu wiederholen.

Verwaltungsstrafverfahren.

Art. 7. Die Geldstrafen des Artikels 6 sind Zwangsstrafen, die so lange zu wiederholen sind, bis der Betroffene seinen Verpflichtungen nachkommt. Ausgesprochene Strafen können ganz oder teilweise zurückgenommen werden. Die Ausfertigungen dieser Straffestsetzungsverfügungen unterliegen nicht der Stempelpflicht.

Die Androhung und Festsetzung der Geldstrafen erfolgen durch die Vorsitzenden der Einkommen-Veranlagungskommissionen. Gegen deren Entscheidungen steht den Betroffenen innerhalb 14 Tagen die Beschwerde an die Vorsitzenden der Einkommensteuer-Berufungskommissionen offen. Gegen die Entscheidungen der Vorsitzenden der Berufungskommissionen ist innerhalb 14 Tagen die Beschwerde an den Finanzminister zulässig.

Die Erhebung, Kontrolle und Verrechnung der Strafen und Kosten hat nach Anleitung der Anweisung vom 16. März 1895 und der Verfügung vom 2. April 1904 — II. 59 — (bei Tit. 8 des Etats von der Verwaltung der direkten Steuern) zu erfolgen.

Prüfung der Abschlüsse.

Art. 8. Der Vorsitzende der Veranlagungskommission unterzieht die Abschlüsse (Bilanzen usw.) einer eingehenden Prüfung dahin, ob der Geschäftsgewinn nach den gesetzlichen Vorschriften und den Grundsätzen ordnungsmäßiger kaufmännischer Buchführung (§ 3 des Gesetzes) ermittelt worden und die Bildung der Sonderrücklage den Vorschriften des Gesetzes entsprechend erfolgt ist.

Unter den gesetzlichen Vorschriften im Sinne des § 3 des Gesetzes sind nicht steuerrechtliche Vorschriften, sondern die bürgerlich-rechtlichen (handelsrechtlichen) Vorschriften zu verstehen.

Insbesondere bedarf es der Prüfung, ob die gemachten Abschreibungen lediglich einen angemessenen Ausgleich für eingetretene Wertverminderungen darstellen oder nicht darüber hinaus als Rücklagen anzusehen sind, die dem Geschäftsgewinne zuzusetzen sind. Soweit stille Rücklagen aus früheren Jahren in einem Kriegsgeschäftsjahre realisiert werden, bilden sie Gewinne dieses Kriegsgeschäftsjahrs.

Fehlende Unterlagen sind von der Gesellschaft einzufordern, auftauchende Bedenken durch Verhandlung mit dem Leiter der Gesellschaft aufzuklären.

Strafen gegen Zuwiderhandlungen.

Stellt sich heraus, daß eine Gesellschaft den Vorschriften des Gesetzes über die Bildung oder Verwaltung der Sonderrücklage vorsätzlich oder fahrlässig zuwidergehandelt und dadurch die Erhebung der Kriegsgewinnsteuer gefährdet hat, so sind die entstandenen Verhandlungen — durch Vermittlung des Vorsitzenden der Berufungskommission — an die Staatsanwaltschaft zur Einleitung des Strafverfahrens abzugeben (§ 9 des Gesetzes).

Überwachung des Verfahrens.

Art. 9. Der Vorsitzende der Berufungskommission hat die ihm obliegende Überwachung der Amtstätigkeit der Vorsitzenden der Einkommensteuer-Veranlagungskommissionen auf dem Gebiete der Staatssteuerveranlagung auch auf die Ausführung des vorliegenden Gesetzes zu erstrecken.

Er ist befugt, die dem Vorsitzenden der Veranlagungskommission in diesen Vorschriften zugewiesenen Obliegenheiten für einzelne Bezirke oder einzelne Gesellschaften ganz oder teilweise selbst zu übernehmen.

Verrechnung der Kosten.

Art. 10. Die Kosten für die Beschaffung der Formulare sind bei Tit. 19 (Abschnitt Nr. 3) des Etats von der Verwaltung der direkten Steuern, sonstige Kosten bei Tit. 26 (Abschnitt Nr. 6) ebenda zu verrechnen.

Berlin, den 11. Februar 1916.

Der Finanzminister: Lentze.

IV. Kriegssteuergesetz.

Vom 21. Juni 1916.

(RGBl. S. 561.)

Wir Wilhelm, von Gottes Gnaden Deutscher Kaiser, König von Preußen usw. verordnen im Namen des Reichs, nach erfolgter Zustimmung des Bundesrats und des Reichstags, was folgt:

Steuerpflicht der Einzelpersonen.

§ 1. Die im § 11 des Besitzsteuergesetzes vom 3. Juli 1913 (Reichs-Gesetzbl. S. 524) bezeichneten Personen, deren Vermögen am 31. Dezember 1916 gegen den Stand zu Beginn des Veranlagungszeitraums einen Zuwachs (§ 2) oder keine Verminderung um mindestens zehn vom Hundert erfahren hat, haben zugunsten des Reichs eine außerordentliche Kriegsabgabe zu entrichten.

§ 2. Abgabepflichtiger Vermögenszuwachs im Sinne dieses Gesetzes ist vorbehaltlich der in den §§ 3 bis 7 dieses Gesetzes vorgesehenen Abweichungen der nach den Vorschriften des Besitzsteuergesetzes festgestellte Vermögenszuwachs.

§ 3. Von dem nach den Vorschriften des Besitzsteuergesetzes für den 31. Dezember 1916 festgestellten Vermögen sind abzuziehen:

1. der Betrag des Vermögens, das nachweislich im Veranlagungszeitraume durch Erbanfall, durch Lehen-, Fideikommiß- oder Stammgutanfall, infolge Vermächtnisses oder auf andere Weise aus dem Nachlaß eines Verstorbenen von

Todes wegen erworben ist. Als Erwerb aus dem Nachlaß gilt auch die Abfindung für die Ausschlagung einer Erbschaft oder eines Vermächtnisses;

2. der Betrag einer nachweislich im Veranlagungszeitraum erfolgten Kapitalauszahlung aus einer Versicherung nach Absetzung des bei der Wehrbeitragsveranlagung festgestellten oder des auf den Anfang des Veranlagungszeitraums festzustellenden Kapitalwerts der betreffenden Versicherung;

3. der Betrag des Vermögens, das nachweislich im Veranlagungszeitraume durch Schenkung oder durch eine sonstige ohne entsprechende Gegenleistung erhaltene Zuwendung (Vermögensübergabe) erworben ist, soweit es sich um Zuwendungen im Einzelbetrage von wenigstens eintausend Mark handelt und nicht ein gesetzlicher Anspruch auf die Zuwendung bestand;

4. Vermögensbeträge, die nachweislich aus der Veräußerung ausländischen Grund- und Betriebsvermögens oder sonstiger Gegenstände herrühren, die zu Beginn des Veranlagungszeitraums zum nichtsteuerbaren Vermögen des Steuerpflichtigen gehört haben. Das gleiche gilt für solche zum ausländischen Grund- oder Betriebsvermögen gehörige Gegenstände, die während des Veranlagungszeitraums ins Inland verbracht worden sind.

Der Abzug nach Abs. 1 Nr. 1 ist für den entsprechenden Anteil an dem Betrage des Nachlaßvermögens ausgeschlossen, der abgabepflichtiger Vermögenszuwachs des Erblassers gewesen wäre, wenn der Erblasser auf den Zeitpunkt seines Todes zu der Abgabe zu veranlagen gewesen sein würde.

§ 4. Dem nach den Vorschriften des Besitzsteuergesetzes für den 31. Dezember 1916 festgestellten Vermögen sind hinzuzurechnen die Beträge, die der Steuerpflichtige im Veranlagungszeitraume zu Schenkungen oder sonstigen Vermögensübergaben (§ 3 Nr. 3) verwendet hat. Von der Hinzurechnung ausgenommen sind fortlaufende Zuwendungen zum Zwecke des standesgemäßen Unterhalts oder der Ausbildung des Bedachten, Zuwendungen, die auf Grund eines gesetzlichen Anspruchs des Bedachten gemacht worden sind, Pensionen und ähnliche Zuwendungen, die ohne rechtliche Verpflichtung früheren Angestellten und Bediensteten gewährt werden, übliche Gelegenheitsgeschenke, Zuwendungen zu kirchlichen, mildtätigen oder gemeinnützigen Zwecken und, sofern nicht die Absicht der Abgabeersparung anzunehmen ist, Zuwendungen im Werte von nicht mehr als eintausend Mark.

Der Bedachte haftet für den Abgabebetrag, der auf den ihm zugeflossenen Teil des abgabepflichtigen Vermögenszuwachses verhältnismäßig entfällt. Der Steuerpflichtige kann von dem Bedachten Ersatz dieses Abgabebetrags verlangen.

§ 5. Dem nach den Vorschriften des Besitzsteuergesetzes für den 31. Dezember 1916 festgestellten Vermögen sind ferner hinzuzurechnen Beträge, die im Veranlagungszeitraum in ausländischem Grund- oder Betriebsvermögen (§ 5 des Besitzsteuergesetzes) angelegt worden sind, sowie Beträge, die im Veranlagungszeitraume zum Erwerbe von Gegenständen aus edlem Metall, von Edelsteinen oder Perlen, von Kunst-, Schmuck- und Luxusgegenständen sowie von Sammlungen aller Art aufgewendet worden sind, sofern der Anschaffungspreis für den einzelnen Gegenstand fünfhundert Mark und darüber oder für mehrere gleichartige oder zusammengehörige Gegenstände eintausend Mark und darüber beträgt.

Außer in den Fällen des § 4 findet die Hinzurechnung nur

statt, wenn die im Abs. 1 bezeichneten Gegenstände am Ende des Veranlagungszeitraums noch im Besitze des Steuerpflichtigen sind. Ist die Anlage in ausländischem Grund- oder Betriebsvermögen erfolgt, so verringert sich die Hinzurechnung um den Betrag einer nachweislich eingetretenen erheblichen Wertminderung.

Die Vorschrift im Abs. 1 findet keine Anwendung auf den Erwerb von Kunstwerken lebender oder seit dem 1. Januar 1909 verstorbener deutscher sowie im Deutschen Reiche wohnender Künstler.

§ 6. Bei Feststellung des Vermögensstandes am Ende des Veranlagungszeitraums (§ 1) dürfen Grundstücke, die der Steuerpflichtige erst nach dem 1. August 1914 erworben hat, zu keinem geringeren Wert als dem Betrage der Gestehungskosten angesetzt werden. Von diesen sind die durch Verschlechterung entstandenen Wertminderungen abzuziehen.

§ 7. Die Abrundung auf volle Tausende (§ 28 Abs. 3 des Besitzsteuergesetzes) erfolgt erst nach Berücksichtigung der Abzüge und Hinzurechnungen gemäß den §§ 3 bis 5 dieses Gesetzes.

§ 8. Die Abgabe vom Zuwachs wird nur erhoben, wenn der nach diesem Gesetze festgestellte Vermögenszuwachs den Betrag von dreitausend Mark und das Vermögen am 31. Dezember 1916 den Gesamtwert von zehntausend Mark übersteigt.

Beträgt das Vermögen am 31. Dezember 1916 nicht mehr als fünfzehntausend Mark, so unterliegt der nach Abs. 1 abgabepflichtige Vermögenszuwachs nur insoweit der Abgabe, als durch ihn ein Vermögensbetrag von zehntausend Mark überschritten wird.

§ 9. Die Abgabe beträgt:

1. von dem Vermögenszuwachs

für die ersten 10000 Mark des Vermögenszuwachses 5 vom Hundert,

für die nächsten angefangenen oder vollen 10000 Mark 10 vom Hundert,

für die nächsten angefangenen oder vollen 10000 Mark 15 vom Hundert,

für die nächsten angefangenen oder vollen 20000 Mark 20 vom Hundert,

für die nächsten angefangenen oder vollen 50000 Mark 25 vom Hundert,

für die nächsten angefangenen oder vollen 100000 Mark 30 vom Hundert,

für die nächsten angefangenen oder vollen 200000 Mark 35 vom Hundert,

für die nächsten angefangenen oder vollen 300000 Mark 40 vom Hundert,

für die nächsten angefangenen oder vollen 300000 Mark 45 vom Hundert,

für die weiteren Beträge . . . . 50 vom Hundert;

2. von dem nach dem Besitzsteuergesetze für den 31. Dezember 1916 festgestellten Vermögen, insoweit es neunzig vom Hundert des für den Beginn des Veranlagungszeitraums festgestellten Vermögens übersteigt und insoweit es weder der Besitzsteuer noch der Abgabe nach Nr. 1 unterliegt, 1 vom Hundert.

Von der Abgabe nach Nr. 2 sind befreit Vermögen, die zwanzigtausend Mark nicht übersteigen. Abgabebeträge unter zehn Mark werden nicht erhoben.

§ 10. Bei Steuerpflichtigen, die Gesellschafter einer inländischen Gesellschaft mit beschränkter Haftung sind, bleibt derjenige Abgabebetrag (§ 9 Nr. 1) zur Hälfte unerhoben, der verhältnismäßig auf den Vermögenszuwachs in Höhe des der Beteiligung entsprechenden Betrags des abgabepflichtigen Mehrgewinns der Gesellschaft entfällt. Der unerhoben bleibende Abgabebetrag darf jedoch nicht höher sein als der verhältnismäßige Betrag der Gesellschaftsabgabe.

Abs. 1 findet nur Anwendung

1. auf Gesellschafter, die Geschäftsanteile in Höhe von mindestens der Hälfte des Stammkapitals besitzen, sowie auf Gesellschafter, die zueinander im Verhältnis von Ehegatten, von Verwandten in gerader Linie, von Geschwistern oder Erben von Geschwistern stehen und zusammen Geschäftsanteile in Höhe von mindestens der Hälfte des Stammkapitals besitzen, in beiden Fällen vorausgesetzt, daß während der ganzen Dauer der Kriegsgeschäftsjahre das eingezahlte Stammkapital der Gesellschaft dreihunderttausend Mark nicht überstiegen hat,
2. auf Gesellschafter, die vor dem 1. August 1914 als Geschäftsführer oder Prokuristen der Gesellschaft bestellt waren und aus dieser Stellung bis zum Schlusse des letzten Kriegsgeschäftsjahrs nicht ausgeschieden sind, es sei denn infolge Ablebens oder Krankheit, sowie auf Gesellschafter, die Ehegatten oder Erben solcher Personen sind, wenn diese Gesellschafter in beiden Fällen allein oder zusammen Geschäftsanteile in Höhe von mindestens der Hälfte des Stammkapitals besitzen.

§ 11. Der Inhaber eines Lehens, Fideikommisses oder Stammguts ist berechtigt, den Betrag der Abgabe, der auf eine Vermehrung des Lehens-, Fideikommiß- oder Stammgutvermögens entfällt, aus diesem Vermögen zu entnehmen und zu diesem Zwecke über das Vermögen selbständig zu verfügen. Ist eine Aufsichtsbehörde vorhanden, so ist ihre Genehmigung zu der Verfügung erforderlich.

§ 12. Die Pflicht zur Entrichtung der nach diesem Gesetze geschuldeten Abgabe entfällt nicht dadurch, daß ein Steuerpflichtiger vor dem 1. Januar 1917 seinen inländischen Wohnsitz oder Aufenthalt aufgibt.

Hat die Aufgabe des inländischen Wohnsitzes oder Aufenthalts den Wegfall der Steuerpflicht nach dem Besitzsteuergesetze zur Folge, so ist der der außerordentlichen Abgabe unterliegende Vermögenszuwachs mit der Maßgabe festzustellen, daß der Veranlagungszeitraum statt mit dem 31. Dezember 1916 mit dem Zeitpunkt der Aufgabe des inländischen Wohnsitzes oder Aufenthalts abläuft.

Der Steuerpflichtige hat vor Verlegung seines Wohnsitzes oder Aufenthalts in das Ausland für die geschuldete Abgabe Sicherheit zu leisten. Die Steuerbehörde bestimmt den Betrag der Sicherheit und ist berechtigt, diesen Betrag nach den für die Einziehung öffentlicher Abgaben geltenden Vorschriften beizutreiben. Das gleiche gilt, wenn Tatsachen vorliegen, welche die Annahme rechtfertigen, daß der Steuerpflichtige auf andere Weise, insbesondere durch Verbringung von Vermögen ins Ausland, die Erhebung der Abgabe gefährdet.

Erschwert oder vereitelt ein im Ausland sich aufhaltender Steuerpflichtiger die Veranlagung der außerordentlichen Abgabe dadurch, daß er eine Steuererklärung nicht rechtzeitig abgibt, so kann sein im Inland befindliches Vermögen mit Beschlag belegt werden.

Im Sinne der Abs. 3 und 4 gelten die deutschen Schutzgebiete als Inland.

Steuerpflicht der Gesellschaften.

§ 13. Inländische Aktiengesellschaften, Kommanditgesellschaften auf Aktien, Berggewerkschaften und andere Bergbau treibende Vereinigungen, letztere, sofern sie die Rechte juristischer Personen haben, Gesellschaften mit beschränkter Haftung und eingetragene Genossenschaften haben von dem nach den Vorschriften der §§ 14 bis 18 festgestellten Mehrgewinn eine außerordentliche Kriegsabgabe zu entrichten.

§ 14. Als Mehrgewinn (§ 13) gilt der Unterschied zwischen dem durchschnittlichen früheren Geschäftsgewinne (§§ 16, 17) und dem jeweils in einem Kriegsgeschäftsjahr (§ 15) erzielten Geschäftsgewinne (§ 16).

Die Unterschiedsbeträge werden auf volle Tausende nach unten abgerundet. Beträge unter fünftausend Mark bleiben außer Betracht.

Bleibt der Geschäftsgewinn eines Kriegsgeschäftsjahrs hinter dem durchschnittlichen früheren Geschäftsgewinne zurück, so darf der Mindergewinn mit dem Mehrgewinn anderer Kriegsgeschäftsjahre ausgeglichen werden.

§ 15. Als Kriegsgeschäftsjahr (§ 14) gelten die drei aufeinanderfolgenden Geschäftsjahre, deren erstes noch den Monat August 1914 mitumfaßt oder bei einer später gegründeten Gesellschaft mitumfassen würde, wenn sie damals schon bestanden hätte.

§ 16. Geschäftsgewinn (§§ 14, 17) ist der in einem Geschäftsjahr erzielte, nach den gesetzlichen Vorschriften und den Grundsätzen ordnungsmäßiger kaufmännischer Buchführung berechnete Bilanzgewinn. Abschreibungen sind insoweit zu berücksichtigen, als sie einen angemessenen Ausgleich der Wertverminderung darstellen.

Bei Kommanditgesellschaften auf Aktien bleiben diejenigen Gewinnbeträge, welche auf die von den persönlich haftenden Gesellschaftern nicht auf das Grundkapital gemachten Einlagen entfallen, außer Ansatz.

§ 17. Der durchschnittliche frühere Geschäftsgewinn (§ 14) ist nach den Ergebnissen der fünf den Kriegsgeschäftsjahren vorangegangenen Geschäftsjahre oder, wenn eine Gesellschaft noch nicht so lange besteht, nach den Ergebnissen der kürzeren Zeit, für welche Jahresabschlüsse vorliegen, zu berechnen. Besteht eine Gesellschaft schon fünf Jahre, so haben für die Berechnung des Durchschnittsgewinns die beiden Geschäftsjahre mit den besten und den schlechtesten Geschäftsergebnissen auszuscheiden.

Hat innerhalb der fünf den Kriegsgeschäftsjahren vorangegangenen Geschäftsjahre eine Vermehrung des eingezahlten Grund- oder Stammkapitals stattgefunden, so wird dem Geschäftsgewinne für die vor der Vermehrung liegende Zeit ein Betrag von sechs vom Hundert jährlich des der Gesellschaft durch die Neueinzahlungen tatsächlich zugeflossenen Kapitalbetrags zugerechnet.

Als früherer Durchschnittsgewinn wird mindestens ein Betrag von sechs vom Hundert des eingezahlten Grund- oder Stammkapitals angenommen zuzüglich des Mehrbetrags, der zur Verteilung einer etwaigen höheren festen Vorzugsdividende für bevorrechtigte Aktien notwendig gewesen wäre. Das Grundkapital einer Berggewerkschaft oder einer Bergbau treibenden Vereinigung ist aus dem Erwerbspreis und den Anlage- und Erweiterungskosten abzüglich des durch Schuldaufnahme gedeckten Aufwandes hierfür zu berechnen. An Stelle des Grundkapitals tritt bei eingetragenen Genossenschaften die Summe der eingezahlten Geschäftsanteile der Genossen.

Der im Abs. 3 vorgesehene Betrag wird als Mindestbetrag

auch zugrunde gelegt, wenn ein volles Geschäftsjahr vor den Kriegsgeschäftsjahren nicht vorliegt. In diesem Falle werden jedoch für Aktien oder Anteile, die zu einem den Nennwert übersteigenden Preise ausgegeben worden sind, die sechs Hundertstel von dem Kapitale berechnet, das der Gesellschaft als Einzahlung auf ihre Aktien oder Anteile tatsächlich zugeflossen ist.

Hat sich das eingezahlte Grund- oder Stammkapital einer Gesellschaft während der Kriegsgeschäftsjahre vermehrt, so ist für die Zeit nach der Vermehrung dem durchschnittlichen früheren Geschäftsgewinn ein Betrag von sechs vom Hundert jährlich des der Gesellschaft durch die Neueinzahlungen tatsächlich zugeflossenen Kapitalbetrags hinzuzurechnen.

§ 18. Gesellschaften, die mehr als ein Fünftel aller Aktien oder Anteile einer anderen Gesellschaft der im § 13 bezeichneten Art besitzen, dürfen von dem Geschäftsgewinn eines Kriegsgeschäftsjahrs die Mehreinnahme aus diesen Aktien oder Anteilen absetzen.

Als Mehreinnahme (Abs. 1) gilt der anteilige Betrag, der von der anderen Gesellschaft (Tochtergesellschaft) über den Durchschnitt der nach § 17 Abs. 1 in Betracht kommenden Jahre hinaus oder, wenn die Gesellschaft noch kein volles Jahr vor den Kriegsgeschäftsjahren bestanden hat, über eine fünfprozentige Dividende oder Ausbeute hinaus in einem Kriegsgeschäftsjahr als Dividende oder Ausbeute verteilt worden ist.

§ 19. Die Abgabe beträgt für inländische Gesellschaften,
wenn der Mehrgewinn im Jahresdurchschnitt 2 vom Hundert des eingezahlten Grund- oder Stammkapitals zuzüglich der bei Beginn des ersten Kriegsgeschäftsjahrs ausgewiesenen wirklichen Reservekontenbeträge nicht übersteigt, 10 vom Hundert des Mehrgewinns,

wenn er 2 vom Hundert, aber nicht 5 vom Hundert übersteigt .... 15 vom Hundert des Mehrgewinns,
wenn er 5 vom Hundert, aber nicht 10 vom Hundert übersteigt .... 20 vom Hundert des Mehrgewinns
wenn er 10 vom Hundert, aber nicht 15 vom Hundert übersteigt .... 25 vom Hundert des Mehrgewinns,
wenn er 15 vom Hundert übersteigt .... 30 vom Hundert des Mehrgewinns.

Die nach Abs. 1 festzusetzende Abgabe erhöht sich,
wenn der durchschnittliche Geschäftsgewinn in den Kriegsgeschäftsjahren 8 vom Hundert, aber nicht 10 vom Hundert des eingezahlten Grund- oder Stammkapitals zuzüglich der bei Beginn des ersten Kriegsgeschäftsjahrs ausgewiesenen wirklichen Reservekontenbeträge übersteigt, um .. 10 vom Hundert ihres Betrags,
wenn er 10 vom Hundert, aber nicht 15 vom Hundert übersteigt, um .. 20 vom Hundert ihres Betrags,
wenn er 15 vom Hundert, aber nicht 20 vom Hundert übersteigt, um .. 30 vom Hundert ihres Betrags,
wenn er 20 vom Hundert, aber nicht 25 vom Hundert übersteigt, um .. 40 vom Hundert ihres Betrags,
wenn er 25 vom Hundert übersteigt, um 50 vom Hundert ihres Betrags.

Hat sich das eingezahlte Grund- oder Stammkapital einer Gesellschaft während der Kriegsgeschäftsjahre vermehrt, so ist der Berechnung der Abgabe ein den Zeitraum, innerhalb dessen die Gesellschaft mit dem veränderten Grund- oder Stammkapitale bestanden hat, berücksichtigender Durchschnittsbetrag des Grund- oder Stammkapitals zugrunde zu legen.

Die zu zahlende Abgabe soll den Betrag nicht übersteigen, der sich bei Anwendung der nächstniedrigen Steuerstufe ergeben würde, zuzüglich desjenigen Betrags des Mehrgewinns, durch den sich die Anwendung des gesetzlichen Satzes ergeben hat.

Die Abgabe wird insoweit nicht erhoben, als sie den Abgabebetrag, der bei Anwendung der Vorschrift des § 21 zu berechnen wäre, übersteigt.

§ 20. Gesellschaften der im § 13 bezeichneten Art, die ihren Sitz im Ausland haben, aber im Inland einen Geschäftsbetrieb unterhalten (ausländische Gesellschaften), haben die Abgabe von dem auf den inländischen Geschäftsbetrieb entfallenden Mehrgewinne zu entrichten. Die Grundsätze, die bei einer bundesstaatlichen Einkommensteuerveranlagung für die Ausscheidung des auf den inländischen Geschäftsbetrieb entfallenden Teiles des steuerbaren Gesamteinkommens maßgebend waren, sind auch bei der Berechnung des auf den inländischen Betrieb entfallenden Teiles des Mehrgewinns anzuwenden. Wo eine Einkommensteuer nicht eingeführt ist, hat die Landesregierung entsprechende Vorschriften zu erlassen.

§ 21. Die Abgabe beträgt für ausländische Gesellschaften bei einem Mehrgewinn im Jahresdurchschnitt von

nicht mehr als 20000 Mark
10 vom Hundert des Mehrgewinns,
mehr als 20000 bis zu 40000 Mark
12 vom Hundert des Mehrgewinns,
mehr als 40000 bis zu 60000 Mark
14 vom Hundert des Mehrgewinns,
mehr als 60000 bis zu 80000 Mark
16 vom Hundert des Mehrgewinns,
mehr als 80000 bis zu 100000 Mark
18 vom Hundert des Mehrgewinns,

mehr als 100000 bis zu 120000 Mark
20 vom Hundert des Mehrgewinns,
mehr als 120000 bis zu 140000 Mark
22 vom Hundert des Mehrgewinns,
mehr als 140000 bis zu 160000 Mark
24 vom Hundert des Mehrgewinns,
mehr als 160000 bis zu 180000 Mark
26 vom Hundert des Mehrgewinns,
mehr als 180000 bis zu 200000 Mark
28 vom Hundert des Mehrgewinns,
mehr als 200000 bis zu 250000 Mark
30 vom Hundert des Mehrgewinns,
mehr als 250000 bis zu 500000 Mark
40 vom Hundert des Mehrgewinns,
mehr als 500000 Mark
45 vom Hundert des Mehrgewinns.

§ 19 Abs. 4 findet Anwendung.

§ 22. Die Abgabe wird von den Gesellschaften insoweit nicht erhoben, als sie verhältnismäßig auf Gewinnbeträge entfällt, die zu ausschließlich gemeinnützigen Zwecken bestimmt worden sind und deren dauernde Verwendung zu solchen Zwecken gesichert ist. Ob die Voraussetzungen des Satzes 1 vorliegen, wird nach näherer Bestimmung des Bundesrats im Verwaltungsweg entschieden.

Die Abgabe wird ferner auch insoweit nicht erhoben, als sie den Betrag der nach den Vorschriften des Gesetzes über vorbereitende Maßnahmen zur Besteuerung der Kriegsgewinne vom 24. Dezember 1915 zu bildenden Sonderrücklage übersteigt.

Abs. 2 gilt insoweit nicht, als bei der Bildung der Sonderrücklage Abschreibungen, die gemäß § 3 Satz 2 des Gesetzes vom 24. Dezember 1915 als Bestandteil des Geschäftsgewinns eines Kriegsgeschäftsjahrs anzusehen waren, unberücksichtigt geblieben sind.

§ 23. Die Abgabe ist nach näherer Bestimmung des Bundesrats auch von den anderen juristischen Personen zu entrichten, auf die der Bundesrat die Vorschriften des Gesetzes vom 24. Dezember 1915 ausgedehnt hat.

§ 24. Der Reichskanzler kann zum Zwecke der Vermeidung einer Doppelbesteuerung durch das Reich und durch außerdeutsche Staaten mit Zustimmung des Bundesrats Anordnungen treffen, die von den gesetzlichen Vorschriften über die Feststellung des abgabepflichtigen Mehrgewinns abweichen.

Gemeinsame Vorschriften.

§ 25. Die Veranlagung und Erhebung der Kriegsabgabe erfolgt durch die für die Veranlagung und Erhebung der Besitzsteuer zuständigen Behörden.

Soweit dieses Gesetz nichts anderes vorschreibt, gelten die Vorschriften des Besitzsteuergesetzes über die Veranlagung und Erhebung der Besitzsteuer entsprechend für die Veranlagung der Kriegsabgabe.

Der Bundesrat bestimmt die für die Veranlagung und Erhebung der Kriegsabgabe der Bundesfürsten zuständigen Behörden.

§ 26. Außer den zur Abgabe einer Besitzsteuererklärung Verpflichteten haben alle Einzelpersonen, deren Vermögen sich seit dem 1. Januar 1914 bis 31. Dezember 1916 um mehr als dreitausend Mark auf mindestens elftausend Mark erhöht hat, eine Steuererklärung abzugeben. Die Steuererklärung zum Zwecke der Veranlagung der Kriegsabgabe kann mit der Besitzsteuererklärung verbunden werden. Die Steuererklärung hat nach näherer Bestimmung des Bundesrats die für die Feststellung des der außerordentlichen Kriegsabgabe unterliegenden Vermögenszuwachses erforderlichen Angaben zu enthalten.

Die Vorstände, persönlich haftenden Gesellschafter, Repräsentanten, Geschäftsführer oder Liquidatoren der pflichtigen Gesellschaften (§ 13), bei ausländischen Gesellschaften (§ 20) die Vorsteher der inländischen Niederlassungen sowie die Vertreter der vom Bundesrate für pflichtig erklärten juristischen Personen (§ 23) sind verpflichtet, der Steuerbehörde eine Kriegssteuererklärung einzureichen, welche nach näherer Bestimmung des Bundesrats die für die Feststellung des abgabepflichtigen Mehrgewinns erforderlichen Angaben zu enthalten hat.

§ 27. Die Veranlagung der Abgabe erfolgt bei Einzelpersonen gleichzeitig mit der Veranlagung der Besitzsteuer, soweit nicht im Falle des § 12 eine frühere Veranlagung möglich ist.

§ 28. Die Kriegsabgabe der Gesellschaften (§§ 13, 20) und anderer juristischer Personen (§ 23) wird nach dem Gesamtergebnisse der beiden ersten Kriegsgeschäftsjahre vorläufig und nach dem Gesamtergebnis aller Kriegsgeschäftsjahre endgültig festgesetzt.

Nach Entrichtung der vorläufig festgesetzten Abgabe steht dem Pflichtigen über den zur Zahlung nicht verwendeten Teil der nach den Vorschriften des Gesetzes vom 24. Dezember 1915 gebildeten Sonderrücklage die freie Verfügung zu.

§ 29. Der Betrag der geschuldeten Abgabe wird dem Steuerpflichtigen von der Veranlagungsbehörde durch einen Bescheid mitgeteilt. Der Bescheid enthält eine Belehrung über die zulässigen Rechtsmittel und eine Anweisung zur Entrichtung der Abgabe innerhalb der gesetzlichen Zahlungsfrist.

Dem Steuerpflichtigen sind die Berechnungsgrundlagen der angeforderten Abgabe mitzuteilen und die Punkte zu bezeichnen, in welchen von der Steuererklärung abgewichen worden ist.

Enthält der Bescheid nur eine vorläufige Festsetzung der Abgabe, so ist in ihm auf die spätere endgültige Festsetzung hinzuweisen.

§ 30. Gegen den endgültigen Bescheid sind die gleichen Rechtsmittel zulässig wie gegen den Besitzsteuerbescheid; der Beurteilung der Rechtsmittelbehörden unterliegt auch der vorläufige Bescheid.

§ 31. Die Kriegsabgabe der Einzelpersonen ist zu einem Drittel binnen drei Monaten nach Zustellung des Bescheids zu entrichten. Das zweite Drittel ist bis zum 1. November 1917, das letzte Drittel bis zum 1. März 1918 zu entrichten.

Die vorläufig festgesetzte Kriegsabgabe der Gesellschaften und anderer juristischer Personen ist binnen drei Monaten nach Zustellung des vorläufigen Bescheids, der Rest der Abgabe binnen drei Monaten nach Zustellung des endgültigen Bescheids zu entrichten. Ist die endgültig festgesetzte Abgabe niedriger als die vorläufig festgesetzte (§ 28 Abs. 1), so ist der zuviel erhobene Betrag dem Steuerpflichtigen zu erstatten.

Vom 1. Juli 1917 ab sind die bis dahin noch nicht gezahlten Abgabebeträge mit fünf vom Hundert jährlich zu verzinsen.

Der Steuerpflichtige ist berechtigt, Vorauszahlungen auf die noch nicht veranlagte Abgabe zu leisten. Von dem im voraus gezahlten Betrage sind fünf vom Hundert Jahreszinsen vom Tage der Einzahlung bis zum 1. Juli 1917 oder bis zu dem früheren gesetzlichen Fälligkeitstag auf Verlangen des Steuerpflichtigen zu dessen Gunsten zu berechnen.

Die auf Grund rechtskräftiger Entscheidung zu erstattenden Beträge sind mit fünf vom Hundert für das Jahr zu verzinsen.

§ 32. Bei Entrichtung der Abgabe werden die fünfprozentigen Schuldverschreibungen, Schuldbuchforderungen und Schatzanweisungen der Kriegsanleihen des Deutschen Reichs zum Nennbetrag und die viereinhalbprozentigen Schatzanweisungen dieser Kriegsanleihen zu einem vom Reichskanzler festzusetzenden und bekanntzumachenden Kurse an Zahlungs Statt angenommen.

§ 33. Wer als Abgabepflichtiger oder als Vertreter eines Abgabepflichtigen wissentlich der Steuerbehörde unrichtige oder unvollständige Angaben macht, die geeignet sind, eine Verkürzung der Abgabe herbeizuführen, wird mit einer Geldstrafe bis zum fünffachen Betrage der gefährdeten Abgabe bestraft.

§ 34. In den Fällen des § 33 kann neben der Geldstrafe auf Gefängnis bis zu einem Jahre und neben der Gefängnisstrafe auch auf Verlust der bürgerlichen Ehrenrechte erkannt werden, wenn die unrichtigen oder unvollständigen Angaben in der Absicht, die Abgabe zu hinterziehen, gemacht worden sind, und wenn der Abgabebetrag, der durch die unrichtigen oder unvollständigen Angaben gefährdet worden ist, mindestens fünfhundert Mark ausmacht oder wenn der Abgabepflichtige oder der Vertreter des Abgabepflichtigen Vermögen vom Inland ins Ausland verbracht hat in der Absicht, dieses Vermögen der Steuerbehörde zu verheimlichen.

Bei einer Steuergefährdung der im Abs. 1 bezeichneten Art kann im Urteil angeordnet werden, daß die Bestrafung auf Kosten des Verurteilten öffentlich bekanntzumachen ist.

Besteht der Verdacht, daß eine Steuergefährdung der im Abs. 1 bezeichneten Art vorliegt, so hat die Steuerbehörde die Sache an die zuständige Staatsanwaltschaft abzugeben. Ist der Steuerpflichtige abwesend (§ 318 der Strafprozeßordnung), so kann gegen ihn nach Maßgabe der §§ 320 bis 326 der Strafprozeßordnung verhandelt werden. Findet die Staatsanwaltschaft in einer an sie abgegebenen Sache, daß der Verdacht nicht hinreichend begründet ist, so kann sie die Sache zur weiteren Erledigung im Verwaltungsstrafverfahren an die Verwaltungsbehörde abgeben.

§ 35. Die Vorschriften der §§ 78 bis 83 des Besitzsteuergesetzes finden entsprechende Anwendung.

§ 36. Der Bundesrat kann zur Vermeidung besonderer Härten auf Antrag eines Steuerpflichtigen einzelne außerordentliche Vermögensanfälle von der Abgabe befreien oder eine anderweite Berechnung des Vermögenszuwachses oder Mehrgewinns bewilligen.

Schlußvorschriften.

§ 37. Die Bundesstaaten erhalten für die Veranlagung und Erhebung der Abgabe eine Entschädigung von $1/2$ vom Hundert ihrer Roheinnahme.

§ 38. Die Einnahme aus der Kriegsabgabe ist ausschließlich zur Abminderung der Reichsschuld zu verwenden, soweit sie nicht nach dem Reichshaushaltsetat für das Rechnungsjahr 1916 (Kapitel 17b der Einnahmen des ordentlichen Etats) zum Ausgleich des Ausfalls bei andern Einnahmekapiteln erforderlich ist.

§ 39. Im § 20 des Besitzsteuergesetzes werden die Worte „mit der Maßgabe, daß Abweichungen ... zu berücksichtigen sind" gestrichen.

Dem § 20 des Besitzsteuergesetzes wird als Satz 2 hinzugefügt:

„Ist im Wege des aus Billigkeitsrücksichten gewährten gänzlichen oder teilweisen Erlasses des rechtskräftig veranlagten Wehrbeitrags das Vermögen anderweit ermittelt, so ist das anderweit ermittelte Vermögen maßgebend."

Dem § 21 Abs. 1 des Besitzsteuergesetzes wird als Satz 2 hinzugefügt:

„§ 20 Satz 2 gilt entsprechend."

Im § 30 Abs. 2 Satz 2 des Besitzsteuergesetzes wird das Wort „Abnutzung" ersetzt durch „Verschlechterung".

Im § 77 Abs. 3 des Besitzsteuergesetzes wird hinter Satz 1 folgender Satz eingeschaltet:

„Ist der Steuerpflichtige abwesend (§ 318 der Strafprozeßordnung), so kann gegen ihn nach Maßgabe der §§ 320 bis 326 der Strafprozeßordnung verhandelt werden."

In dem folgenden Satze werden die Worte „dieser Verdacht" ersetzt durch die Worte „der Verdacht".

§ 40. Die Ausführungsbestimmungen zu diesem Gesetz erläßt der Bundesrat.

Urkundlich unter Unserer Höchsteigenhändigen Unterschrift und beigedrucktem Kaiserlichen Insiegel.

Gegeben Großes Hauptquartier, den 21. Juni 1916.

Wilhelm.

(Siegel.)

von Bethmann Hollweg.

V. Besitzsteuergesetz.

Vom 3. Juli 1913.

(RGBl. S. 524.)

Wir Wilhelm, von Gottes Gnaden Deutscher Kaiser, König von Preußen usw., verordnen im Namen des Reichs, nach erfolgter Zustimmung des Bundesrats und des Reichstags, was folgt:

Steuerpflicht.

§ 1. Von dem Vermögenszuwachs wird für das Reich nach den Vorschriften dieses Gesetzes eine Abgabe (Besitzsteuer) erhoben.

§ 2. Als Vermögen im Sinne des § 1 gilt, soweit das Gesetz nichts anderes vorschreibt, das gesamte bewegliche und unbewegliche Vermögen nach Abzug der Schulden. Es umfaßt:

1. Grundstücke einschließlich des Zubehörs (Grundvermögen);
2. das dem Betriebe der Land- oder Forstwirtschaft, des Bergbaues oder eines Gewerbes dienende Vermögen (Betriebsvermögen);
3. das gesamte sonstige Vermögen, das nicht Grund- oder Betriebsvermögen ist (Kapitalvermögen).

§ 3. Den Grundstücken (§ 2 Nr. 1) stehen gleich Berechtigungen, für welche die sich auf Grundstücke beziehenden Vorschriften des bürgerlichen Rechtes gelten.

§ 4. Zum Betriebsvermögen (§ 2 Nr. 2) gehören alle dem Unternehmen gewidmeten Gegenstände.

Das Betriebsvermögen einer offenen Handelsgesellschaft oder einer anderen Erwerbsgesellschaft, bei welcher der Gesellschafter als Unternehmer (Mitunternehmer) des Betriebs anzusehen ist, wird den einzelnen Teilhabern nach dem Verhältnis ihres Anteils zugerechnet.

§ 5. Zum steuerbaren Vermögen gehört nicht das im Ausland befindliche Grund- und Betriebsvermögen.

§ 6. Als Kapitalvermögen (§ 2 Nr. 3) kommen insbesondere, soweit die einzelnen Vermögensgegenstände nicht unter § 2 Nr. 1, § 3 oder unter § 2 Nr. 2, § 4 fallen, in Betracht:

1. selbständige Rechte und Gerechtigkeiten;
2. verzinsliche und unverzinsliche Kapitalforderungen jeder Art;
3. Aktien oder Anteilscheine, Kuxe, Geschäftsguthaben bei Genossenschaften, Geschäftsanteile und andere Gesellschaftseinlagen;
4. bares Geld deutscher Währung, fremde Geldsorten, Banknoten und Kassenscheine, ausgenommen die aus den laufenden Jahreseinkünften vorhandenen Bestände, und Bank- oder sonstige Guthaben, soweit sie zur Bestreitung der laufenden Ausgaben für drei Monate dienen, sowie Gold und Silber in Barren;
5. der Kapitalwert der Rechte auf Renten und andere wiederkehrende Nutzungen und Leistungen, welche dem Berechtigten auf seine Lebenszeit oder auf die Lebenszeit eines anderen, auf unbestimmte Zeit oder auf die Dauer von mindestens zehn Jahren entweder vertragsmäßig als Gegenleistung für die Hingabe von Vermögenswerten oder aus letztwilligen Verfügungen, Schenkungen oder Familienstiftungen oder vermöge hausgesetzlicher Bestimmungen zustehen;
6. noch nicht fällige Ansprüche aus Lebens- und Kapitalversicherungen oder Rentenversicherungen, aus denen der Berechtigte noch nicht in den Rentenbezug eingetreten ist.

§ 7. Die Vorschrift im § 6 Nr. 5 gilt nicht

a) für Ansprüche an Witwen-, Waisen- und Pensionskassen;

b) für Ansprüche aus einer Kranken- oder Unfallversicherung, aus der Reichsversicherung oder der gesetzlichen Versicherung der Angestellten;

c) für Renten und ähnliche Bezüge, die mit Rücksicht auf ein früheres Arbeits- oder Dienstverhältnis gewährt werden.

§ 8. Als steuerbares Vermögen gelten nicht Möbel, Hausrat und andere nicht unter § 6 fallende bewegliche körperliche Gegenstände, sofern sie nicht als Zubehör eines Grundstücks (§ 2 Nr. 1, § 3) oder als Bestandteil eines Betriebsvermögens (§ 2 Nr. 2, § 4) anzusehen sind.

§ 9. Das zu einem Lehen, Fideikommiß oder Stammgut gehörige Vermögen gilt als Vermögen des Inhabers.

§ 10. Von dem Vermögen sind abzuziehen die dinglichen und persönlichen Schulden des Steuerpflichtigen sowie der Wert der dem Steuerpflichtigen obliegenden oder auf einem Lehen, Fideikommiß oder Stammgut ruhenden Leistungen der im § 6 Nr. 5 bezeichneten Art.

Nicht abzugsfähig sind

a) Schulden, die zur Bestreitung der laufenden Haushaltungskosten eingegangen sind (Haushaltungsschulden);

b) Schulden und Lasten, welche in wirtschaftlicher Beziehung zu nicht steuerbaren Vermögensteilen stehen.

Beschränkt sich die Zuwachsbesteuerung auf das inländische Grund- und Betriebsvermögen (§ 11 Nr. II), so sind nur die in einer wirtschaftlichen Beziehung zu diesen Vermögensteilen stehenden Schulden und Lasten abzugsfähig.

§ 11. Steuerpflichtig sind

I. mit dem Zuwachs an dem gesamten steuerbaren Vermögen:

1. die Angehörigen des Deutschen Reichs, mit Ausnahme derer, die sich seit länger als zwei Jahren dauernd im Ausland aufhalten, ohne einen Wohnsitz in einem deutschen Bundesstaate zu haben. Die Ausnahme findet keine Anwendung auf Reichs- und Staatsbeamte, die im Ausland ihren dienstlichen Wohnsitz haben. Wahlkonsuln gelten nicht als Beamte im Sinne dieser Vorschrift;
2. Ausländer, wenn sie im Deutschen Reiche einen Wohnsitz oder in Ermangelung eines Wohnsitzes ihren dauernden Aufenthalt haben;

II. mit dem Zuwachs an dem inländischen Grund- und Betriebsvermögen:

alle natürlichen Personen ohne Rücksicht auf Staatsangehörigkeit, Wohnsitz oder Aufenthalt.

Der Reichskanzler kann zum Zwecke der Vermeidung einer Doppelbesteuerung oder der Anwendung eines Vergeltungsrechts gegenüber außerdeutschen Staaten mit Zustimmung des Bundesrats Anordnungen treffen, die von den Vorschriften in Nr. I und dem § 5 abweichen.

§ 12. Die Abgabe wird nicht erhoben von dem Zuwachs, der den Betrag von zehntausend Mark nicht übersteigt.

§ 13. Vermögen, die den Gesamtwert von zwanzigtausend Mark nicht übersteigen, unterliegen der Zuwachsbesteuerung nicht.

Bei Vermögen über zwanzigtausend Mark, aber nicht über dreißigtausend Mark Gesamtwert, unterliegt der nach § 12 steuerpflichtige Zuwachs nur insofern der Steuer, als durch ihn die steuerfreie Grenze (Abs. 1) überschritten wird.

§ 14. Für die Veranlagung der Besitzsteuer wird das Vermögen der Ehegatten zusammengerechnet, sofern sie nicht dauernd voneinander getrennt leben. Die Ehegatten sind, falls ihr Vermögen hiernach zusammenzurechnen ist, der Staatskasse als Gesamtschuldner der Steuer verpflichtet.

§ 15. Ist ein Ehegatte innerhalb des Veranlagungszeitraums (§§ 18 bis 22) gestorben, so ist der aus dem Erbfall herrührende Zuwachs des überlebenden Ehegatten insoweit steuerfrei, als das ererbte Vermögen in der Hand des anderen Eheteils oder gemäß § 14 nicht mehr der Zuwachsbesteuerung unterliegen würde.

§ 16. Von dem nach den Vorschriften dieses Gesetzes festgestellten Vermögenszuwachs ist abzuziehen der Betrag einer Kapitalabfindung, die als Entschädigung für den durch Körperverletzung herbeigeführten gänzlichen oder teilweisen Verlust der Erwerbsfähigkeit gezahlt worden oder zu zahlen ist.

§ 17. Steht das der Besteuerung unterliegende Vermögen in Nutznießung, so fällt, wenn nicht rechtsgeschäftlich etwas anderes bestimmt ist, die Besitzsteuer dem Eigentümer zur Last.

Feststellung des Vermögenszuwachses, Veranlagungs- und Erhebungszeitraum.

§ 18. Die Feststellung des Vermögenszuwachses erfolgt erstmals zum 1. April 1917 für den in der Zeit vom 1. Januar 1914 bis zum 31. Dezember 1916 entstandenen Zuwachs, späterhin in Zeitabständen von drei zu drei Jahren für den in den vorangegangenen drei Kalenderjahren entstandenen Zuwachs.

§ 19. Als Vermögenszuwachs gilt der Unterschied zwischen dem reinen Werte des steuerbaren Gesamtvermögens am Ende des jeweiligen Veranlagungszeitraums (§ 18) und dem reinen Werte des steuerbaren Gesamtvermögens am Anfang dieses Zeitraums, soweit in den §§ 21, 22 nichts anderes bestimmt ist.

Der Unterschied (Abs. 1) verringert sich um den Betrag, um den die Summe der abzugsfähigen Schulden und Lasten den Gesamtwert des Aktivvermögens des Steuerpflichtigen zu Beginn des maßgebenden Zeitraums überstiegen hat.

§ 20. Als Wert des steuerbaren Vermögens am 1. Januar 1914 gilt das nach dem Wehrbeitragsgesetze festgestellte Vermögen mit der Maßgabe, daß Abweichungen in der Vermögensfeststellung, die sich bei Anwendung der Vorschriften des Besitzsteuergesetzes ergeben hätten, entsprechend zu berücksichtigen sind.

§ 21. War der Steuerpflichtige zu dieser Besitzsteuer veranlagt, so gilt in der Folgezeit als Vermögenszuwachs der Unterschied zwischen dem reinen Werte des steuerbaren Gesamtvermögens am Ende des jeweiligen neuen Veranlagungszeitraums und dem letzten Vermögensstande, der zu einer Steuererhebung geführt hat.

Hat sich bei den früheren Veranlagungen kein steuerpflichtiger Vermögenszuwachs ergeben, so gilt als Vermögenszuwachs der Unterschied zwischen dem reinen Werte des steuerbaren Gesamtvermögens am Ende des jeweiligen neuen Veranlagungszeitraums und dem Vermögensstand an dem ersten für die Steuerpflicht in Betracht kommenden Zeitpunkt.

§ 22. Wird die persönliche Steuerpflicht (§ 11) erst innerhalb eines Veranlagungszeitraums (§ 18) begründet, so erfolgt die erste Feststellung des Vermögens für das zur

Zeit des Eintritts der Steuerpflicht vorhandene steuerbare Vermögen des Steuerpflichtigen.

Die Vorschrift des Abs. 1 gilt im Falle der Erweiterung der Steuerpflicht entsprechend für das durch die erweiterte Steuerpflicht neu erfaßte Vermögen des Steuerpflichtigen.

§ 23. Ist die Steuerpflicht nur nach § 11 Nr. II begründet, so werden dem ersten maßgebenden Vermögensstand alle nachweislich aus dem der Besteuerung nicht unterworfenen Vermögen des Steuerpflichtigen gemachten, nicht zu den laufenden Wirtschaftsausgaben zählenden Aufwendungen für steuerpflichtige Vermögensteile hinzugerechnet.

Die Anrechnung nach Abs. 1 erfolgt insoweit nicht, als den Aufwendungen ein Vermögen gegenübersteht, das im maßgebenden Zeitraum der Besteuerung entzogen worden ist.

§ 24. Die Entrichtung der Besitzsteuer verteilt sich auf einen dem Veranlagungszeitraume (§ 18) folgenden, mit dem 1. April beginnenden dreijährigen Zeitraum (Erhebungszeitraum).

Steuersätze.

§ 25. Die Steuer beträgt für den ganzen Erhebungszeitraum (§ 24) bei einem steuerpflichtigen Vermögenszuwachse von

nicht mehr als 50 000 Mark		0,75	vom Hundert des Zuwachses.
mehr als 50 000 Mark bis zu 100 000	„	0,90	
„ „ 100 000 „ „ „ 300 000	„	1,05	
„ „ 300 000 „ „ „ 500 000	„	1,20	
„ „ 500 000 „ „ „ 1 000 000	„	1,35	
„ „ 1 000 000 „		1,50	

Übersteigt der Gesamtwert des steuerbaren Vermögens eines Steuerpflichtigen den Betrag von

100 000	Mark, so erhöht sich der Steuersatz um	0,1	vom Hundert des Zuwachses.
200 000	„ „ „ „ „ „ „	0,2	
300 000	„ „ „ „ „ „ „	0,3	
400 000	„ „ „ „ „ „ „	0,4	
500 000	„ „ „ „ „ „ „	0,5	
750 000	„ „ „ „ „ „ „	0,6	
1 000 000	„ „ „ „ „ „ „	0,7	
2 000 000	„ „ „ „ „ „ „	0,8	
5 000 000	„ „ „ „ „ „ „	0,9	
10 000 000	„ „ „ „ „ „ „	1	

§ 26. Der Unterschied zwischen der Steuer, die zu zahlen wäre, wenn der Vermögenszuwachs nur die vorangehende, im § 25 Abs. 1 bezeichnete Wertgrenze erreicht hätte, und zwischen der Steuer, die nach dem gesetzlichen Satze berechnet ist, wird nur insoweit erhoben, als er aus der Hälfte des jene Wertgrenze übersteigenden Betrags des Zuwachses gedeckt werden kann.

§ 27. Gewährt der Steuerpflichtige, dessen Vermögen den Betrag von hunderttausend Mark nicht übersteigt, Kindern auf Grund gesetzlicher Verpflichtung (§§ 1601 bis 1615 des Bürgerlichen Gesetzbuchs) Unterhalt, so ermäßigt sich die Steuer für das dritte und jedes weitere minderjährige Kind um fünf vom Hundert ihres Betrags.

Fällt in den Veranlagungszeitraum der Erwerb einer Erbschaft, so ermäßigt sich, wenn der Erbe ein Abkömmling des Erblassers ist und zur Zeit des Erbfalls das 21. Lebensjahr noch nicht vollendet hat, und wenn das steuerbare Vermögen den Gesamtwert von fünfzigtausend Mark nicht übersteigt, die Abgabe um einen Betrag, der für jedes bis zur Vollendung des 21. Lebensjahrs fehlende volle Jahr auf fünf vom Hundert der Abgabe berechnet wird. Die Gesamtermäßigung darf fünfzig vom Hundert der Abgabe nicht übersteigen.

Wertermittelung.

§ 28. Für die Steuerpflicht und die Ermittelung der Vermögenswerte ist maßgebend der Stand in den in §§ 18 bis 22 bezeichneten Zeitpunkten.

Für Betriebe, bei denen regelmäßige jährliche Abschlüsse stattfinden, kann der Vermögensfeststellung der Vermögensstand am Schlusse des letzten Wirtschafts- oder Rechnungsjahrs zugrunde gelegt werden.

Bei der Veranlagung der Besitzsteuer wird das Vermögen des Steuerpflichtigen auf volle Tausende nach unten abgerundet.

§ 29. Bei der Feststellung des Vermögens ist der gemeine Wert (Verkaufswert) seiner einzelnen Bestandteile zugrunde zu legen, sofern das Gesetz nichts anderes vorschreibt.

§ 30. Bei Grundstücken tritt auf Antrag des Steuerpflichtigen an die Stelle des gemeinen Wertes der Betrag der nachgewiesenen oder glaubhaft gemachten Gestehungskosten.

Zu den Gestehungskosten sind zu rechnen der Gesamtwert der Gegenleistungen beim Erwerb (Erwerbspreis), sonstige Anschaffungskosten sowie alle auf das Grundstück gemachten besonderen Aufwendungen während der Besitzzeit, soweit sie nicht zu den laufenden Wirtschaftsausgaben gehören und soweit die durch die Aufwendungen hergestellten Bauten und Verbesserungen noch vorhanden sind. Von den Gestehungskosten sind die durch Abnutzung entstandenen Wertminderungen abzuziehen.

§ 31. Beim Erwerbe von Todes wegen im Sinne der §§ 1 bis 4 des Erbschaftssteuergesetzes, beim Erwerb im Wege der Erbteilung, beim Erwerbe von Eltern, Großeltern oder entfernteren Voreltern sowie beim Erwerb auf Grund einer ohne entsprechende Gegenleistung erfolgten Zuwendung unter Lebenden tritt an die Stelle des Erwerbspreises, .soweit die Grundstücke dauernd land- oder forstwirtschaftlichen oder gärtnerischen Zwecken zu dienen bestimmt sind, oder soweit bebaute Grundstücke Wohnzwecken oder gewerblichen Zwecken zu dienen bestimmt sind und ihre Bebauung und Benutzung der ortsüblichen Bebauung und Benutzung entspricht, der Ertragswert, sonst der gemeine Wert zur Zeit des Erwerbes.

Als Ertragswert gilt bei land- oder forstwirtschaftlichen oder Gärtnereigrundstücken das Fünfundzwanzigfache des Reinertrags, den sie nach ihrer bisherigen wirtschaftlichen Bestimmung bei ordnungsmäßiger Bewirtschaftung mit entlöhnten fremden Arbeitskräften nachhaltig gewähren können.

Die der Land- oder Forstwirtschaft oder der Gärtnerei dienenden Gebäude und Betriebsmittel werden nicht besonders veranlagt, sondern sind in der Veranlagung des Ertragswerts einbegriffen.

Bei bebauten Grundstücken, die Wohnzwecken oder gewerblichen Zwecken zu dienen bestimmt sind, gilt als Ertragswert das Fünfundzwanzigfache des Miet- oder Pachtertrags, der in den letzten drei Jahren im Durchschnitt erzielt worden ist oder im Falle der Vermietung oder Verpachtung hätte erzielt werden können, nach Abzug von einem Fünftel für Nebenleistungen und Instandhaltungskosten oder von dem als erforderlich nachgewiesenen höheren Betrag für Nebenleistungen und Instandhaltungskosten ohne Rücksicht darauf, ob die hierzu notwendigen Arbeiten von dem Steuerpflichtigen selbst oder durch entlohnte fremde Arbeitskräfte geleistet worden sind.

In allen Fällen kann der Steuerpflichtige verlangen, daß statt des Ertragswerts der gemeine Wert der Veranlagung zugrunde gelegt wird. Dieses Recht erlischt, wenn es nicht spätestens bis zum Ablauf der mit der Zustellung des Steuer- oder des Feststellungsbescheids eröffneten Rechtsmittelfrist geltend gemacht wird.

§ 32. Die Vorschrift des § 31 findet in anderen Erwerbsfällen entsprechende Anwendung, wenn der vereinbarte Preis um mehr als 10 vom Hundert hinter dem gemeinen Werte zur Zeit des Erwerbes und, sofern bei Grundstücken der Ertragswert zugrunde gelegt werden kann, zugleich auch hinter dem Ertragswert zur Zeit des Erwerbes zurückgeblieben ist.

§ 33. Hat der Erwerb vor dem 1. Januar 1914 stattgefunden, so gilt der bei der Veranlagung des Wehrbeitrags festgestellte Wert eines Grundstücks als Betrag der bis dahin entstandenen Gestehungskosten.

§ 34. Wertpapiere, die in Deutschland einen Börsenkurs haben, sind mit dem Kurswert, Forderungen, die in das Schuldbuch einer öffentlichen Körperschaft eingetragen sind, mit dem Kurswert der entsprechenden Schuldverschreibungen der öffentlichen Körperschaft anzusetzen.

Der Steuerpflichtige ist berechtigt, von dem Werte der mit Dividendenschein gehandelten Wertpapiere (§ 6) den Betrag in Abzug zu bringen, der für die seit Auszahlung des letzten Gewinns abgelaufene Zeit dem letztmalig verteilten Gewinn entspricht.

§ 35. Bei Aktien ohne Börsenkurs, bei Kuxen, Anteilen an einer Bergwerksgesellschaft oder bei Anteilen einer Gesellschaft mit beschränkter Haftung ist der Verkaufswert der Aktien, Kuxe oder Anteile anzusetzen. Sofern ein solcher nicht zu ermitteln ist, ist der Wert der Aktie, des Kuxes oder des Anteils unter Berücksichtigung des Gesamtvermögens der Gesellschaft oder Gewerkschaft und der in der Vergangenheit erzielten Gewinne nach freiem Ermessen zu schätzen. Hierbei bleiben diejenigen Beträge der Jahresgewinne unberücksichtigt, welche unter Zugrundelegung der ortsüblichen Preise als Entgelt für gelieferte Rohstoffe anzusehen sind. Im Streitfall soll die Steuerbehörde die Schätzung des Wertes durch Sachverständige anordnen, die von der zuständigen Handelsvertretung oder der des nächstbelegenen Bezirkes zu ernennen sind.

§ 36. Andere Kapitalforderungen und Schulden sind mit dem Nennwert anzusetzen, sofern nicht besondere Umstände die Veranschlagung nach einem vom Nennwert abweichenden höheren oder geringeren Werte begründen.

Noch nicht fällige Ansprüche aus Lebens-, Kapital- und Rentenversicherungen kommen mit zwei Dritteln der Summe der eingezahlten Prämien oder Kapitalbeiträge, falls aber der Betrag nachgewiesen wird, für welchen die Versicherungsanstalt die Police zurückkaufen würde, mit diesem Rückkaufswert in Anrechnung.

§ 37. Der Gesamtwert der auf bestimmte Zeit beschränkten Nutzungen oder Leistungen ist unter Abrechnung der Zwischenzinsen durch Zusammenzählung der einzelnen Jahreswerte zu berechnen. Der Gesamtwert darf den zum gesetzlichen Zinssatz kapitalisierten Jahreswert nicht übersteigen.

Immerwährende Nutzungen oder Leistungen sind mit dem Fünfundzwanzigfachen des einjährigen Betrags, Nutzungen oder Leistungen von unbestimmter Dauer vorbehaltlich der Vorschriften der §§ 38, 39 mit dem Zwölfundeinhalbfachen des einjährigen Betrags zu veranschlagen.

§ 38. Der Wert von Renten oder anderen auf die Lebenszeit einer Person beschränkten Nutzungen und Leistungen bestimmt sich nach dem Lebensalter der Person, mit deren Tode das Recht erlischt.

Als Wert wird angenommen bei einem Alter

1.			bis zu	15	Jahren	das	18	fache,
2.	von mehr als	15	„ „	25	„	„	17	„ ,
3.	„ „ „	25	„ „	35	„	„	16	„ ,
4.	„ „ „	35	„ „	45	„	„	14	„ ,
5.	„ „ „	45	„ „	55	„	„	12	„ ,
6.	„ „ „	55	„ „	65	„	„	8½	„ ,
7.	„ „ „	65	„ „	75	„	„	5	„ ,
8.	„ „ „	75	„ „	80	„	„	3	„ ,
9.	„ „ „	80			„	„	2	„ des

Wertes der einjährigen Nutzung.

Hat jedoch eine nach Abs. 2 bewertete Nutzung oder Leistung im Falle der

Nr. 1	nicht mehr als	9 Jahre,
Nr. 2, 3	„ „ „	8 „ ,
Nr. 4	„ „ „	7 „ ,
Nr. 5	„ „ „	6 „ ,
Nr. 6	„ „ „	4 „ ,
Nr. 7 bis 9	nicht mehr als	2 Jahre

bestanden, so ist auf Antrag eine Berichtigung der Veranlagung unter Zugrundelegung eines der wirklichen Dauer der Nutzung oder Leistung entsprechenden Kapitalwerts vorzunehmen und die zuviel gezahlte Steuer zu erstatten. In gleicher Weise hat eine Nachveranlagung stattzufinden, wenn die Nutzung oder Leistung den Wert eines Vermögensteils vermindert hat.

§ 39. Hängt die Dauer der Nutzung oder Leistung von der Lebenszeit mehrerer Personen ab, so ist maßgebend das Lebensalter der ältesten Person, wenn das Recht mit dem Tode der zuerst versterbenden Person erlischt, das Lebensalter der jüngsten Person, wenn das Recht mit dem Tode der letztversterbenden Person erlischt.

§ 40. Der einjährige Betrag der Nutzung einer Geldsumme ist zu vier vom Hundert anzunehmen, falls er nicht anderweit feststeht.

§ 41. Vom Kapitalwert unverzinslicher befristeter Forderungen und Schulden kommen für die Zeit bis zu ihrer Fälligkeit vier vom Hundert Jahreszinsen in Abzug.

§ 42. Vermögen, dessen Erwerb von dem Eintritt einer aufschiebenden Bedingung abhängt, bleibt bei der Feststellung unberücksichtigt.

§ 43. Vermögen, das unter einer auflösenden Bedingung erworben ist, wird unbeschadet der Vorschriften über die Berechnung des Kapitalwerts der Nutzungen von unbestimmter Dauer (§ 37 Abs. 2, §§ 38, 39) wie unbedingt erworbenes behandelt.

Tritt die Bedingung ein, so erfolgt auf Antrag eine Berichtigung der früheren Veranlagung entsprechend dem tatsächlichen Werte des Erwerbes.

§ 44. Hängen Lasten, die den Wert des Vermögens vermindern, von dem Eintritt einer aufschiebenden Bedingung ab, so werden sie nicht berücksichtigt.

Tritt die Bedingung ein, so ist auf Antrag die Veranlagung entsprechend zu berichtigen.

Den Lasten, die von einer aufschiebenden Bedingung abhängen, stehen zweifelhafte Lasten gleich.

§ 45. Lasten, deren Fortdauer von einer auflösenden Bedingung abhängt, werden wie unbedingte vom Vermögen abgezogen, soweit nicht deren Kapitalwert nach § 37 Abs. 2, §§ 38, 39 zu berechnen ist. § 38 Abs. 3 Satz 2 findet entsprechende Anwendung.

§ 46. Die Vorschriften der §§ 42 bis 45 gelten auch, wenn der Erwerb oder die Last von einem Ereignis abhängt, das nur hinsichtlich des Zeitpunkts seines Eintritts ungewiß ist.

§ 47. Unbeitreibliche Forderungen bleiben außer Ansatz.

Zuständigkeit für Veranlagung und Erhebung der Besitzsteuer.

§ 48. Für die Verwaltung der Besitzsteuer ist der Bundesstaat zuständig, in welchem der Steuerpflichtige zur Zeit der Veranlagung seinen Wohnsitz oder in Ermangelung eines Wohnsitzes seinen gewöhnlichen Aufenthalt hat.

Bei mehrfachem Wohnsitz im Inland ist der dienstliche Wohnsitz vor einem andern Wohnsitz, der Wohnsitz in dem Heimatstaate vor dem Wohnsitz in einem anderen Bundesstaat und, wenn keiner dieser Fälle vorliegt, der Wohnsitz an dem Orte maßgebend, an welchem der Steuerpflichtige sich vorwiegend aufhält.

Steuerpflichtige, welche zur Zeit der Veranlagung im Inland weder einen Wohnsitz noch ihren gewöhnlichen Aufenthalt haben, sind in dem Bundesstaate zu veranlagen, in welchem sie ihren letzten inländischen Wohnsitz oder Aufenthalt gehabt haben.

Der Bundesrat kann weitere Bestimmungen über die Zuständigkeit der Bundesstaaten zur Verwaltung und Erhebung der Steuer erlassen. Er entscheidet auch auf Anrufen eines Bundesstaats, wenn zwischen mehreren Bundesstaaten Meinungsverschiedenheit über ihre Zuständigkeit herrscht.

§ 49. Die Landesregierung bestimmt die für die Verwaltung der Besitzsteuer zuständigen Behörden (Besitzsteuerämter). Sie bestimmt auch, ob und inwieweit zur Mitwirkung bei der Veranlagung und zur Erhebung der Besitzsteuer Gemeinden oder Gemeindeverbände heranzuziehen sind. Die Besitzsteuerämter unterstehen Oberbehörden und diese der obersten Landesfinanzbehörde.

§ 50. Die Reichsbevollmächtigten für Zölle und Steuern haben bei der Ausführung dieses Gesetzes die gleichen Befugnisse und Pflichten, die ihnen hinsichtlich der Zölle und Verbrauchssteuern beigelegt sind.

In den Staaten, in denen die Geschäfte der Oberbehörde für die Besitzsteuer anderen Behörden als den Zolldirektivbehörden übertragen sind, werden der Umfang und die Art der Tätigkeit der Reichsbevollmächtigten vom Reichskanzler im Einvernehmen mit den beteiligten Bundesregierungen geregelt.

Unter Zustimmung des Bundesrats kann der Reichskanzler die Wahrnehmung der Geschäfte der Reichsbevollmächtigten für die Besitzsteuer anderen Beamten übertragen.

Dem Reichstag ist alljährlich über die Tätigkeit der Reichsbevollmächtigten, soweit sie sich auf die Ausführung dieses Gesetzes bezieht, Bericht zu erstatten.

Personenstandsaufnahme.

§ 51. Jeder Besitzer eines bewohnten Grundstücks oder dessen Vertreter ist verpflichtet, der mit der Vorbereitung der Veranlagung betrauten Behörde auf deren Verlangen die sämtlichen Bewohner des Grundstücks mit Namen, Berufsstellung, Geburtsort und Geburtstag anzugeben. Die Haushaltungsvorstände haben den Hausbesitzern oder deren Vertretern die erforderliche Auskunft über die zu ihrem Hausstand gehörigen Personen einschließlich der Unter- und Schlafstellenmieter zu erteilen.

Besitzsteuererklärung.

§ 52. Zur Abgabe einer Besitzsteuererklärung sind alle Personen mit einem steuerbaren Vermögen von zwanzigtausend Mark und darüber verpflichet, wenn sie früher weder zum Wehrbeitrage noch zur Besitzsteuer veranlagt worden sind, sowie alle Personen, deren Vermögen sich seit der Veranlagung zum Wehrbeitrag oder gegenüber dem für eine künftige Veranlagung zur Besitzsteuer als maßgebend festgestellten Vermögensstande (§ 65) um mehr als zehntausend Mark erhöht hat. Der Bundesrat bestimmt die Fristen zur Abgabe der Besitzsteuererklärung.

Die Steuerbehörde ist außerdem berechtigt, von jedem Steuerpflichtigen (§ 11) binnen einer von ihr festzusetzenden Frist, die mindestens zwei Wochen betragen muß, die Abgabe einer Besitzsteuererklärung zu verlangen.

Die Besitzsteuererklärung ist unter der Versicherung zu erstatten, daß die Angaben nach bestem Willen und Gewissen gemacht sind.

§ 53. In der Besitzsteuererklärung hat der Steuerpflichtige seine Vermögensverhältnisse zu den in den §§ 18 bis 22 bezeichneten Zeitpunkten klarzulegen und zu diesem Zwecke nach näherer Bestimmung des Bundesrats das gesamte steuerbare Vermögen getrennt nach seinen einzelnen Bestandteilen unter Angabe ihres Wertes aufzuführen.

Soweit die Vermögenswerte sich nicht aus dem Nenn- oder Kurswert oder dem Betrage der geleisteten Zahlungen ergeben, kann der Steuerpflichtige sich in der Besitzsteuererklärung auf die tatsächlichen Mitteilungen beschränken, die er behufs Schätzung des Wertes beizubringen vermag.

§ 54. Der Steuerpflichtige kann zur Abgabe der Besitzsteuererklärung mit Geldstrafen bis zu fünfhundert Mark angehalten werden.

Dem Steuerpflichtigen, der die ihm nach § 52 obliegende Besitzsteuererklärung nicht rechtzeitig abgibt, kann ein Zuschlag von 5 bis 10 vom Hundert der rechtskräftig festgestellten Besitzsteuer auferlegt werden.

§ 55. Die Veranlagungsbehörde prüft die Angaben in der Besitzsteuererklärung und stellt, gegebenenfalls nach Vornahme der erforderlichen Ermittelungen, die Höhe des steuerbaren Vermögens fest.

§ 56. Die Steuerbehörde kann Zeugen und Sachverständige uneidlich vernehmen. Das Zeugnis oder Gutachten darf nur unter den Voraussetzungen verweigert werden, welche nach den Vorschriften der Zivilprozeßordnung (§§ 383 bis 385, 407, 408) zur Ablehnung eines Zeugnisses oder Gutachtens berechtigen.

Zeugen und Sachverständige können zur Abgabe des Zeugnisses oder Gutachtens mit Geldstrafen bis zu einhundertfünfzig Mark angehalten werden.

§ 57. Der Steuerpflichtige hat auf Erfordern die Höhe seines Vermögens nachzuweisen. Er ist insbesondere verpflichtet, der Steuerbehörde Wirtschafts- oder Geschäftsbücher, Verträge, Schuldverschreibungen, Zinsquittungen, Abrechnungen von Banken oder ähnlichen Unternehmungen und andere Schriftstücke, welche für die Besitzsteuerveranlagung von Bedeutung sind, zur Einsicht und Prüfung vorzulegen.

Die Einsichtnahme und Prüfung der Bücher und Schriftstücke des Steuerpflichtigen soll tunlichst in dessen Wohnung oder Geschäftsräumen erfolgen.

§ 58. Die Vorstände oder Geschäftsführer der im § 35 bezeichneten Gesellschaften, die ihren Sitz im Inland haben oder Vermögen im Inland besitzen, haben dem Steuerpflichtigen die erforderlichen Mitteilungen über den Wert seiner Aktien oder Gesellschaftsanteile zu machen.

Sie sind außerdem verpflichtet, der Steuerbehörde auf Verlangen binnen einer Frist von vier Wochen eine Nachweisung einzureichen, welche enthält:

1. die Höhe des Grundkapitals oder der Stammeinlagen,
2. den Betrag der in den vorausgegangenen drei Jahren jährlich verteilten Gewinne,
3. die tatsächlichen Mitteilungen, die sie zur Schätzung des Wertes der Aktien, Anteile oder Kuxe beizubringen vermögen.

Die Nachweisung ist mit der Versicherung zu versehen, daß die Angaben nach bestem Wissen und Gewissen gemacht sind.

Die Verpflichteten können zur Abgabe der Nachweisung mit Geldstrafen bis zu fünfhundert Mark angehalten werden.

§ 59. Die Vorschriften der §§ 52 bis 54, 57 gelten auch für den gesetzlichen Vertreter des Steuerpflichtigen hinsichtlich des seiner Verwaltung unterliegenden Vermögens.

§ 60. Die Kosten der Ermittelungen fallen dem Steuerpflichtigen zur Last, wenn der endgültig festgestellte Vermögenswert den vom Steuerpflichtigen angegebenen Wert um mehr als ein Drittel übersteigt oder wenn sich seine Angaben in wesentlichen Punkten als unrichtig erweisen oder wenn er trotz ergangener Aufforderung keine oder nur ungenügende Angaben über seine Vermögensverhältnisse gemacht hat.

§ 61. Den Steuerbehörden haben die Standesämter von den eingetretenen Sterbefällen, die Gerichte von den ergangenen Todeserklärungen Mitteilung zu machen.

§ 62. Innerhalb sechs Monaten nach dem Tode eines Steuerpflichtigen kann die Steuerbehörde von den Erben oder, falls ein Testamentsvollstrecker oder ein Nachlaßpfleger bestellt ist, von diesen Personen unter Hinweis auf die Strafvorschrift des § 81 die Vorlage eines Verzeichnisses über das vom Verstorbenen hinterlassene Kapital- und Betriebsvermögen (§ 2 Nr. 2, 3) verlangen.

Das Verzeichnis ist binnen vier Wochen nach Zustellung der Aufforderung der Steuerbehörde einzureichen und mit der Versicherung zu versehen, daß die Angaben nach bestem Wissen und Gewissen gemacht sind.

Die Pflicht zur Einreichung eines Verzeichnisses besteht nicht, wenn auf Grund des Erbschaftssteuergesetzes vom 3. Juni 1906 eine den gesamten Nachlaß umfassende Erbschaftssteuererklärung zu erstatten ist.

Die im Abs. 1 genannten Personen können zur Erfüllung der ihnen hiernach obliegenden Verpflichtung mit Geldstrafen bis zu einhundertfünfzig Mark angehalten werden.

§ 63. Die Reichs-, Staats- und Gemeindebehörden sind verpflichtet, den Steuerbehörden auf Ersuchen aus Büchern, Akten, Urkunden usw. Auskunft über die Vermögensverhältnisse des Steuerpflichtigen zu erteilen oder ihnen Einsicht in solche, die Vermögensverhältnisse betreffenden Bücher, Akten, Urkunden usw. zu gestatten.

Den Notaren liegt diese Pflicht nur ob hinsichtlich der einen Nachlaß betreffenden Verhandlungen oder soweit sie durch sonstige Vorschriften begründet ist.

Eine Auskunftspflicht besteht nicht für die Postbehörden, für die Verwaltung der Schuldbücher öffentlicher Körperschaften sowie für die Verwaltung öffentlicher Sparkassen und anderer mit der Verwaltung und Verwahrung fremden Vermögens befaßter öffentlicher Anstalten.

§ 64. Beamte, Angestellte und ehrenamtliche Mitglieder von Behörden, welche im Verfahren zur Veranlagung der Besitzsteuer dienstlich Kenntnis von den Vermögens-,

Erwerbs- oder Einkommensverhältnissen eines Steuerpflichtigen erhalten, sind zu ihrer Geheimhaltung verpflichtet. Die Besitzsteuererklärungen sind unter Verschluß aufzubewahren und dürfen ebenso wie die sonstigen Verhandlungen im Veranlagungsverfahren nur zur Kenntnis der durch Eid zu ihrer Geheimhaltung Verpflichteten gelangen. Sie dürfen anderen Behörden nur zum Zwecke der Veranlagung und Erhebung von öffentlichen Abgaben mitgeteilt werden. Bestehen für Landessteuern gleiche oder ähnliche Vorschriften, so steht dies der Mitteilung von Veranlagungsmerkmalen an die Besitzsteuerämter nicht entgegen.

Besitzsteuer- und Feststellungsbescheid.

§ 65. Ergibt die Vergleichung der Vermögensfeststellungen einen steuerpflichtigen Vermögenszuwachs, so erteilt die Veranlagungsbehörde dem Steuerpflichtigen einen Bescheid über den Gesamtbetrag der zu zahlenden Steuer und über die für eine spätere Veranlagung maßgebende Vermögensfeststellung (Steuerbescheid); ergibt sich dagegen kein oder nur ein steuerfreier Vermögenszuwachs, so ist dem Steuerpflichtigen mit einem Vermögen von mehr als zwanzigtausend Mark ein Bescheid über den für eine künftige Veranlagung maßgebenden Vermögensstand zu erteilen, sofern dieser nicht bereits rechtskräftig feststeht (Feststellungsbescheid).

Der Steuer- und der Feststellungsbescheid enthält eine Belehrung über die gegen den Bescheid zulässigen Rechtsmittel, der Steuerbescheid enthält außerdem eine Anweisung zur Entrichtung der Steuer in den gesetzlichen Teilbeträgen zu den bestimmten Zahlungsfristen. Dem Steuerpflichtigen sind die Berechnungsgrundlagen der angeforderten Steuer mitzuteilen und die Punkte zu bezeichnen, in welchen von der Besitzsteuererklärung abgewichen worden ist.

Rechtsmittel.

§ 66. Die gegen den Steuer- und den Feststellungsbescheid zulässigen Rechtsmittel, die Rechtsmittelfristen und das Rechtsmittelverfahren werden durch die Landesgesetzgebung geregelt. Bis zum Inkrafttreten des Landesgesetzes sind nach näherer Bestimmung der Landesregierung gegen den Steuer- und den Feststellungsbescheid die Rechtsmittel zulässig, welche den Steuerpflichtigen nach Landesrecht gegen die Veranlagung zu einer direkten Staatssteuer zustehen.

Das Rechtsmittelverfahren (Abs. 1) muß derartig geordnet sein, daß der Steuerpflichtige nacheinander mindestens zwei Rechtsmittelinstanzen anrufen kann und daß ihm die Möglichkeit offensteht, entweder die endgültige Entscheidung eines obersten Verwaltungsgerichts oder einer einem obersten Verwaltungsgerichte gesetzlich gleichgeordneten Rechtsinstanz herbeizuführen oder die Klage im ordentlichen Rechtsweg zu erheben.

Wird keine oder eine falsche Rechtsmittelbelehrung erteilt, so wird die Rechtsmittelfrist nicht in Lauf gesetzt, doch ist ein von dem Steuerpflichtigen eingelegtes Rechtsmittel nicht aus diesem Grunde unzulässig.

§ 67. Erfolgt die Veranlagung zur Besitzsteuer durch eine kollegiale Behörde, so stehen die Rechtsmittel gegen den Steuerbescheid auch dem Vorsitzenden dieser Behörde zu.

§ 68. Wohnt weder der Steuerpflichtige noch ein Vertreter des Steuerpflichtigen im Inland, so ist der Steuerpflichtige gehalten, eine im Inland wohnende Person zum Empfange der für ihn bestimmten Schriftstücke in Besitzsteuerangelegenheiten zu bevollmächtigen. Ist die Benennung eines Zustellungsbevollmächtigten unterblieben, so gilt die

Zustellung eines Schriftstücks mit der Aufgabe zur Post als bewirkt, selbst wenn die Sendung als unbestellbar zurückkommt.

§ 69. Durch die Einlegung eines Rechtsmittels wird die Erhebung der veranlagten Steuer zu den gesetzlichen Zahlungsfristen nicht aufgehalten. Die auf Grund rechtskräftiger Entscheidung zu erstattenden Steuern sind mit 4 vom Hundert für das Jahr zu verzinsen.

Fälligkeit der Steuer.

§ 70. Der Jahresbetrag der Steuer (§ 24) ist nach näherer Bestimmung der obersten Landesfinanzbehörde in gleichen Halbjahrs- oder Vierteljährsteilen zu zahlen.

Bleibt der Einzelbetrag der Steuer unter 5 Mark, so ist der Jahresbetrag der Steuer auf einmal zu entrichten.

Die oberste Landesfinanzbehörde bestimmt den Tag, an dem die Einzelbeträge der Steuer fällig werden.

Die Einzelbeträge der Steuer sind auf 10 Pfennig nach oben abzurunden.

Der Steuerpflichtige ist berechtigt, die Steuer für den Rest des ganzen Erhebungszeitraums im voraus zu bezahlen.

§ 71. Würde die Einziehung der Steuer zu den gesetzlichen Zahlungsfristen mit einer erheblichen Härte für den Steuerpflichtigen verbunden sein, so kann die Steuer bis zum Ablauf von drei Jahren gestundet, auch die Entrichtung in Teilbeträgen bis zum Ende des nächsten Erhebungszeitraums (§ 24) gestattet werden.

Die Stundung kann von einer angemessenen Sicherheitsleistung abhängig gemacht werden.

Die Stundungsbewilligung wird zurückgenommen, wenn die Voraussetzungen hierfür weggefallen sind oder wenn eine nachträglich verlangte Sicherheit nicht geleistet wird.

§ 72. Ist der Steuerpflichtige ein Deutscher, so ist zum Zwecke der Einziehung der Besitzsteuer die Zwangsversteigerung eines Grundstücks ohne seine Zustimmung nicht zulässig.

§ 73. Ist die Veranlagung zu Unrecht unterblieben, so wird dadurch die Pflicht zur Zahlung der Besitzsteuer nicht berührt. Eine Neuveranlagung hat zu erfolgen, wenn nachträglich neue Tatsachen und Beweismittel bekannt werden, die eine höhere Veranlagung des Steuerpflichtigen rechtfertigen.

§ 74. Stirbt der Steuerpflichtige innerhalb eines Erhebungszeitraums oder fällt die Steuerpflicht auf andere Weise weg, so wird dadurch die Verbindlichkeit zur Entrichtung der bei Wegfall der Steuerpflicht noch nicht fälligen Teilbeträge nicht berührt.

Wird im Falle des § 14 die Ehe innerhalb des Erhebungszeitraums aufgelöst oder fällt die Voraussetzung für die Zusammenrechnung des Vermögens weg, so sind die Ehegatten oder deren Erben zur Zahlung der noch nicht fälligen Teilbeträge der Steuer nach dem Verhältnis ihres Anteils an dem steuerpflichtigen Vermögenszuwachs verpflichtet.

Verjährung.

§ 75. Der Anspruch der Staatskasse auf die Besitzsteuer verjährt in vier Jahren. Die Frist beginnt mit dem Schlusse des Jahres, in welchem die Steuerbeträge fällig geworden sind, im Falle der Sicherheitsleistung für die Steuer jedoch nicht vor dem Ablauf des Jahres, in welchem die Sicherheit erlischt.

Strafvorschriften.

§ 76. Wer als Steuerpflichtiger oder als Vertreter es Steuerpflichtigen wissentlich der Steuerbehörde unrichtige oder unvollständige Angaben macht, die geeignet sind, eine Verkürzung der Besitzsteuer herbeizuführen, wird mit einer Geldstrafe bis zum zwanzigfachen Betrage der gefährdeten Steuer bestraft.

§ 77. In den Fällen des § 76 kann neben der Geldstrafe auf Gefängnis bis zu sechs Monaten erkannt werden, wenn die unrichtigen oder unvollständigen Angaben in der Absicht, die Besitzsteuer zu hinterziehen, gemacht worden sind und wenn der Steuerbetrag, der durch die unrichtigen oder unvollständigen Angaben gefährdet worden ist, nicht weniger als 10 vom Hundert der geschuldeten Steuer, mindestens aber dreihundert Mark ausmacht, oder wenn der Steuerpflichtige wegen Besitzsteuerhinterziehung vorbestraft ist.

Bei einer Steuergefährdung der im Abs. 1 bezeichneten Art kann im Urteil angeordnet werden, daß die Bestrafung auf Kosten des Verurteilten öffentlich bekanntzumachen ist.

Besteht der Verdacht, daß eine Steuergefährdung der im Abs. 1 bezeichneten Art vorliegt, so hat die Steuerbehörde die Sache an die zuständige Staatsanwaltschaft abzugeben. Findet die Staatsanwaltschaft in einer an sie abgegebenen Sache, daß dieser Verdacht nicht hinreichend begründet ist, so kann sie die Sache zur weiteren Erledigung im Verwaltungsstrafverfahren an die Verwaltungsbehörde abgeben.

§ 78. Ist nach den obwaltenden Umständen anzunehmen, daß die unrichtigen oder unvollständigen Angaben, die geeignet sind, eine Verkürzung der Besitzsteuer herbeizuführen, nicht in der Absicht der Steuerhinterziehung gemacht worden sind, so tritt an Stelle der im § 76 vorgesehenen Strafe eine Ordnungsstrafe bis zu fünfhundert Mark.

§ 79. Straffrei bleibt, wer seine unrichtigen oder unvollständigen Angaben, bevor eine Anzeige erstattet oder eine Untersuchung gegen ihn eingeleitet ist, bei der Steuerbehörde berichtigt oder ergänzt und die gefährdete Steuer, soweit sie bereits fällig gewesen ist, entrichtet.

§ 80. Die Einziehung der Besitzsteuer erfolgt unabhängig von der Bestrafung.

§ 81. Wer in der nach § 58 Abs. 2 einzureichenden Nachweisung oder in dem nach § 62 einzureichenden Verzeichnis wissentlich unrichtige oder unvollständige Angaben macht, die geeignet sind, das Steueraufkommen zu gefährden, wird mit einer Geldstrafe bis zu dreitausend Mark bestraft.

Straffrei bleibt, wer seine unrichtigen oder unvollständigen Angaben, bevor eine Anzeige erstattet oder eine Untersuchung gegen ihn eingeleitet ist, bei der Steuerbehörde berichtigt oder ergänzt.

§ 82. Beamte, Angestellte und ehrenamtliche Mitglieder von Behörden sowie Sachverständige werden, wenn sie die zu ihrer dienstlichen oder amtlichen Kenntnis gelangten Vermögens-, Erwerbs- oder Einkommensverhältnisse eines Steuerpflichtigen, insbesondere auch den Inhalt einer Besitzsteuererklärung oder der über sie gepflogenen Verhandlungen unbefugt offenbaren, mit Geldstrafe bis zu fünfzehnhundert Mark oder mit Gefängnis bis zu drei Monaten bestraft.

Die Strafverfolgung tritt nur ein auf Antrag der obersten Landesfinanzbehörde oder des Steuerpflichtigen, dessen Interesse an der Geheimhaltung verletzt ist.

§ 83. Eine Ordnungsstrafe bis zu einhundertfünfzig Mark tritt ein bei Zuwiderhandlungen gegen die Vorschriften dieses Gesetzes oder die zu seiner Ausführung erlassenen Bestimmungen, die im Gesetze mit keiner besonderen Strafe bedroht sind.

§ 84. Die Umwandlung einer nicht beizutreibenden Geldstrafe in eine Freiheitsstrafe findet nicht statt.

Kosten.

§ 85. Das Verfahren in Besitzsteuerangelegenheiten ist vorbehaltlich der Vorschrift des § 60 kosten-, gebühren- und stempelfrei. Für das Rechtsmittel- und Strafverfahren bewendet es bei den sonst geltenden Vorschriften.

Schlußvorschriften.

§ 86. Die Bundesstaaten erhalten für die erste Veranlagung und Erhebung der Steuer zehn, später fünf vom Hundert ihrer Roheinnahme.

§ 87. Nach näherer Bestimmung des Bundesrats kann bis zum Ablauf des Rechnungsjahrs 1919 denjenigen Bundesstaaten, die zur Zeit der Verkündung dieses Gesetzes die Erbschaften in gerader absteigender Linie besteuern und bis zum Ablauf des Rechnungsjahrs 1916 eine der Mehrbelastung durch die Besitzsteuer angemessene Ermäßigung dieser Steuer einführen, der Ausfall an Erbschaftssteuer bis zum Betrag ihrer Durchschnittseinnahmen in den Rechnungsjahren 1913 bis 1915 aus dem Aufkommen an Besitzsteuer in ihrem Lande ersetzt werden.

Ferner kann in diesen Bundesstaaten unter gleichen Voraussetzungen der Vermögenszuwachs bei der erstmaligen Veranlagung der Besitzsteuer insoweit außer Betracht bleiben, als ein entsprechender Vermögensteil durch Erbgang in gerader absteigender Linie nach dem 31. Dezember 1913 erworben und zur Landessteuer herangezogen ist.

§ 88. Die Ausführungsbestimmungen zu diesem Gesetz erläßt der Bundesrat.

Urkundlich unter Unserer Höchsteigenhändigen Unterschrift und beigedrucktem Kaiserlichen Insiegel.

Gegeben Kiel, den 3. Juli 1913.

(L. S.) **Wilhelm.**
von Bethmann Hollweg.

VI. Kriegssteuer-Ausführungsbestimmungen.

Bekanntmachung des Reichskanzlers vom 30. November 1916.

(Zentralblatt für das Deutsche Reich 1916 S. 461 ff.)

§§ 1—10 [Veranlagungsvorschriften für die Behörden].

§ 11. Der Abgabe nach § 9 Nr. 1 des Gesetzes unterliegt der auf den 31. Dezember 1916 oder der auf den gemäß § 12 Abs. 2 des Gesetzes maßgebenden früheren Zeitpunkt festzustellende Vermögenszuwachs.

Als Anfangsvermögen gilt das für die erstmalige Besitzsteuerveranlagung in Betracht kommende Anfangsvermögen.

Als Endvermögen gilt das nach dem Besitzsteuergesetze, gegebenenfalls jedoch abweichend hiervon gemäß § 6 des Kriegssteuergesetzes für den im Abs. 1 bezeichneten Zeitpunkt festgestellte, aber nicht abgerundete Vermögen, das dann nach Berücksichtigung der Abzüge gemäß § 3 des Kriegssteuergesetzes und der Hinzurechnungen gemäß §§ 4 und 5 des Kriegssteuergesetzes auf volle Tausende nach unten abgerundet wird (§ 7 des Kriegssteuergesetzes).

§ 12. Der nach § 16 des Besitzsteuergesetzes steuerfreie Vermögenszuwachs ist in der gleichen Weise wie bei der Besitzsteuer auch von der Abgabe nach § 9 Nr. 1 des Kriegssteuergesetzes freizulassen, insoweit nicht schon ein Abzug gemäß § 3 Abs. 1 Nr. 2 des Kriegssteuergesetzes stattfindet. Dagegen findet § 15 des Besitzsteuergesetzes keine Anwendung. Die Freilassung des aus einem Erbfall herrührenden Vermögenszuwachses erfolgt gemäß § 3 des Kriegssteuergesetzes.

§ 13. Der gemäß § 3 des Gesetzes abzuziehende Betrag ist unter Zugrundelegung des Vermögenswertes zur Zeit des Erwerbes, bei der Umwandlung von nicht steuerbarem Vermögen ist steuerbares Vermögen unter Zugrundelegung des Vermögenswertes zur Zeit der Umwandlung zu berechnen.

Vermögensgegenstände, die auf eine der im § 3 Abs. 1 Nr. 1 und 3 des Gesetzes bezeichneten Arten erworben worden und im Endvermögen des Steuerpflichtigen noch enthalten sind, müssen für den Abzug gemäß § 3 des Gesetzes nach den gleichen Grundsätzen bewertet werden wie bei der Feststellung des Endvermögens.

§ 14. Für die Feststellung eines nach § 4 des Gesetzes dem Vermögen des Steuerpflichtigen hinzuzurechnenden Betrags sind die betreffenden Vermögensgegenstände nach den Grundsätzen zu bewerten, die anzuwenden gewesen wären, wenn die Hingabe nicht stattgefunden hätte.

Bei Vermögensübergaben (§ 3 Abs. 1 Nr. 3 und § 4 Abs. 1 des Gesetzes) mindert sich der abzuziehende oder hinzuzurechnende Betrag um den Wert etwaiger Gegenleistungen.

Zuwendungen von Gegenständen, die nicht zum steuerbaren Vermögen gehören, fallen weder unter § 3 Abs. 1 Nr. 3 noch unter § 4 des Gesetzes, dagegen sind sie unter den

Voraussetzungen des § 5 des Gesetzes dem Vermögen des Zuwendenden hinzuzurechnen.

Schenkungen oder sonstige Vermögensübergaben (§ 3 Abs. 1 Nr. 3 des Gesetzes) sind, wenn der Zuwendende während des Veranlagungszeitraums gestorben ist, dem Vermögen der Erben nach § 4 des Gesetzes hinzuzurechnen.

§ 15. Die Anlegung in ausländischem Grund- oder Betriebsvermögen (§ 5 des Gesetzes) kann auch dadurch erfolgen, daß Gegenstände, die bisher zum steuerbaren Vermögen gehörten, durch Verbringung ins Ausland dem ausländischen Grund- oder Betriebsvermögen zugeführt werden, oder daß auf andere Weise bisher steuerbares Vermögen in nichtsteuerbares ausländisches Grund- oder Betriebsvermögen umgewandelt wird.

Ist der Betrag, der in ausländischem Grund- oder Betriebsvermögen angelegt oder zur Anschaffung anderer Gegenstände der im § 5 Abs. 1 des Gesetzes bezeichneten Art verwendet worden ist, nicht in einer Geldsumme ausgedrückt, so ist er nach dem Werte zu berechnen, den die zur Anlegung oder Anschaffung verwendeten Gegenstände gehabt haben.

Als erhebliche Wertminderung im Sinne des § 5 Abs. 2 Satz 2 des Gesetzes ist jedenfalls eine zeitweilige, auf vorübergehenden Umständen beruhende Wertminderung nicht anzusehen.

In Zweifelsfällen ist bei Beurteilung der Frage, ob es sich um einen Luxusgegenstand handelt oder nicht, entsprechend der mit der Gesetzesvorschrift verfolgten Absicht, denjenigen zu treffen, der sein Vermögen in wertvollen Gegenständen angelegt hat, um es der Besteuerung zu entziehen, dem Umstand Bedeutung beizumessen, daß der Gegenstand wieder ohne erhebliche Verluste veräußert werden kann.

§ 16. Wenn das Vermögen am Ende des Veranlagungszeitraums nach Berücksichtigung eines etwaigen Abzugs gemäß § 3 und der Hinzurechnungen nach §§ 4 und 5 des Gesetzes den abgerundeten Betrag von fünfzehntausend Mark nicht übersteigt (§ 8 Abs. 2 des Gesetzes), so genügt die Angabe des Steuerpflichtigen, daß das Anfangsvermögen den abgerundeten Betrag von zehntausend Mark nicht überschritten und die Vermögenszunahme mehr als dreitausend Mark betragen hat. Eine Feststellung des tatsächlich vorhanden gewesenen Anfangsvermögens ist in diesem Falle nicht erforderlich.

§ 17. Die Abgabe nach § 9 Nr. 2 des Kriegssteuergesetzes wird erhoben, wenn das nach dem Besitzsteuergesetz, also ohne Berücksichtigung der in den §§ 3 bis 7 des Kriegssteuergesetzes vorgesehenen Abweichungen, festgestellte Endvermögen mehr als neunzig vom Hundert des maßgebenden Anfangsvermögens (§ 11 Abs. 2) beträgt.

Der Abgabe nach § 9 Nr. 2 des Kriegssteuergesetzes unterliegt derjenige Vermögensteil, der sich als Unterschied ergibt zwischen einem Vermögen in Höhe von neunzig vom Hundert des Anfangsvermögens (Abs. 3) und zwischen dem nach den Vorschriften des Besitzsteuergesetzes für den 31. Dezember 1916 oder für den nach § 12 Abs. 2 des Kriegssteuergesetzes in Betracht kommenden Zeitpunkt festgestellten Vermögen nach Abzug des in ihm enthaltenen besitzsteuer- oder kriegsabgabepflichtigen Vermögenszuwachses (Abs. 4).

Für die Berechnung der Abgabe nach § 9 Nr. 2 ist gegebenenfalls dem maßgebenden, jedoch noch nicht abgerundeten Anfangsvermögen (§ 11 Abs. 2) der nach den §§ 15 und 16 des Besitzsteuergesetzes steuerfreie Vermögenszuwachs hinzuzurechnen. Die Abrundung auf volle Tausende hat dann nach Berücksichtigung dieser Hinzurechnungen zu erfolgen.

Von dem Endvermögen (Abs. 2) ist ein der Abgabe nach § 9 Nr. 1 des Kriegssteuergesetzes unterliegender Zuwachsbetrag insoweit nicht abzuziehen, als er sich nur infolge der Hinzurechnungen nach §§ 4 bis 6 des Kriegssteuergesetzes ergibt.

§ 18. Die Abgabe nach § 9 Nr. 1 und die Abgabe nach § 9 Nr. 2 des Kriegssteuergesetzes gilt für die Erhebung der Abgabe (§ 31 des Kriegssteuergesetzes) und für die Auferlegung eines Zuschlags (§ 54 Abs. 2 des Besitzsteuergesetzes, § 25 Abs. 2 des Kriegssteuergesetzes) als einheitlicher Abgabebetrag.

§ 19. Polizeibehörden, die von der Absicht eines Steuerpflichtigen, ins Ausland auszuwandern, oder von Tatsachen, die ihn der Gefährdung der Abgabeerhebung verdächtig machen, Kenntnis erhalten, haben hiervon dem zuständigen Besitzsteueramte Mitteilung zu machen. Der Reichskanzler bestimmt den Zeitpunkt des Außerkrafttretens dieser Vorschrift.

Das Besitzsteueramt hat alsbald die erforderlichen Ermittlungen vorzunehmen und, falls ein Anlaß hierzu besteht, die Sicherheitsleistung anzuordnen. Die Sicherheitsleistung ist gemäß § 12 Abs. 3 Satz 2 des Gesetzes zu erzwingen, falls der Steuerpflichtige nicht freiwillig anderweite ausreichende Sicherheit leistet. In welcher Art Sicherheit geleistet werden kann, richtet sich nach den landesrechtlichen Bestimmungen. Gegen die Verfügung steht dem Steuerpflichtigen die Verwaltungsbeschwerde offen. Die Beschwerde hat keine aufschiebende Wirkung.

Die Sicherheitsleistung ist in der letzten Spalte der Kriegssteuerliste zu vermerken.

Solange die Kaiserliche Verordnung, betreffend anderweite Regelung der Paßpflicht, vom 21. Juni 1916 (Reichs-Gesetzbl.

S. 599) und die Bekanntmachung des Reichskanzlers, betreffend Ausführungsvorschriften zu der Paßverordnung, vom 24. Juni 1916 (Reichs-Gesetzbl. S. 601) in Kraft sind, haben die Paßbehörden in den Fällen, in denen nicht einwandfrei feststeht, daß eine Ausreise aus dem Reichsgebiete nicht in der Absicht vorgenommen werden soll, Vermögen der Steuerpflicht zu entziehen, eine Äußerung des zuständigen Besitzsteueramts einzuholen.

§ 20. Die Vorschriften des § 16 des Gesetzes gelten für die Feststellung des Geschäftsgewinns der Kriegsgeschäftsjahre und der Friedensgeschäftsjahre. Die in den genehmigten Abschlüssen ausgewiesenen Gewinne haben die Gesellschaften bis zum Nachweis der Unrichtigkeit der Abschlüsse gegen sich gelten zu lassen.

Die Anteile der Vorstandsmitglieder oder Geschäftsführer wie der sonstigen Beamten und Angestellten am Jahresgewinn, auf welche diese einen Rechtsanspruch haben, sind als abzugsfähige Betriebskosten anzusehen. Dagegen sind Vergütungen (Tantiemen) der Aufsichtsratsmitglieder, die von der Höhe des Reingewinns und von dessen Feststellung durch die Generalversammlung oder Gesellschafterversammlung abhängig sind, von dem Geschäftsgewinne nicht abzusetzen.

Sind Gesellschafter zu Geschäftsführern einer Gesellschaft mit beschränkter Haftung bestellt, so sind die ihnen zukommenden Gewinnanteile nur insoweit als abzugsfähige Betriebskosten zu behandeln, als sie sich als Entgelt für die auf Grund eines mit der Gesellschaft abgeschlossenen Dienstvertrags ausgeübte Tätigkeit als Geschäftsführer darstellen. Der Umstand, daß die Bestellung der Geschäftsführer im Gesellschaftsvertrage selbst erfolgt ist, schließt die Annahme eines Dienstvertragsverhältnisses nicht aus.

§ 21. Bei Gesellschaften mit beschränkter Haftung und eingetragenen Genossenschaften, die ausschließlich der gemeinschaftlichen Verwertung von Erzeugnissen der Gesellschafter oder Genossen oder dem gemeinschaftlichen Einkauf von Waren für die Gesellschafter oder Genossen dienen, gilt als Geschäftsgewinn im Sinne des Gesetzes nicht derjenige Teil des Reingewinns, der als Entgelt für die von den Gesellschaftern oder Genossen eingelieferten Erzeugnisse oder als Rückvergütung auf den Kaufpreis der von den Gesellschaftern oder Genossen bezogenen Waren anzusehen ist.

Ebenso scheidet bei Versicherungsgesellschaften für die Feststellung des Geschäftsgewinns im Sinne des Gesetzes derjenige Teil des Reingewinns aus, der auf die den Versicherten selbst als sogenannte Dividende zurückzugewährenden Prämienüberschüsse entfällt.

§ 22. Die Vorschrift im § 16 Abs. 1 Satz 2 des Gesetzes gilt nicht nur für die Abschreibungen, die durch unmittelbare Einstellung des wirklichen zeitigen Wertes in die Bilanz erfolgen, sondern auch für die Abschreibungen, die durch Ansetzung des ursprünglichen Wertes unter bilanzmäßiger Gegenüberstellung eines besonderen, die Wertverminderung darstellenden Kontos (Erneuerungs-, Delkrederekonto) erfolgen.

Inwieweit Abschreibungen einen angemessenen Ausgleich der Wertverminderng darstellen, ist unter Berücksichtigung der besonderen Verhältnisse des einzelnen Unternehmens, insbesondere auch unter Berücksichtigung der durch den Krieg und durch die spätere Überführung in die Friedenswirtschaft bedingten Veränderungen nach den Grundsätzen eines ordentlichen Kaufmanns zu beurteilen.

§ 23. Bei der Ermittlung des in den einzelnen Friedensjahren erzielten Geschäftsgewinns sind auch die Beträge zu berücksichtigen, die zur Deckung eines aus früheren Jahren herrührenden Verlustes verwendet worden sind. Ist eine Gesellschaft mit einer Unterbilanz in das erste Kriegsgeschäftsjahr eingetreten, so können die zur Beseitigung der Unterbilanz erforderlichen Beträge von dem Geschäftsgewinne der Kriegsgeschäftsjahre abgesetzt werden.

Für die Berechnung des in einem Kriegsgeschäftsjahr erzielten Geschäftsgewinns dürfen Vermögensgegenstände, insbesondere Warenvorräte, die in einem Kriegsgeschäftsjahre veräußert worden sind, anstatt mit dem Buchwerte der letzten Friedensbilanz, mit dem wirklichen Werte angesetzt werden, den sie zur Zeit der Aufstellung der letzten Friedensbilanz, jedoch zu keinem späteren Zeitpunkt als am 30. Juni 1914 gehabt haben. Es darf somit der Unterschied zwischen dem Buchwert und dem wirklichen Werte von dem Geschäftsgewinne des betreffenden Kriegsgeschäftsjahres abgesetzt werden. Als Veräußerung im Sinne dieser Vorschrift gilt jedoch nicht die Veräußerung durch Tausch, Fusion oder einen ähnlichen Rechtsvorgang.

§ 24. Ist eine Gesellschaft im Laufe des vor dem ersten Kriegsgeschäftsjahre liegenden Jahres gegründet worden, so wird der im § 17 Abs. 4 des Gesetzes vorgesehene Mindestbetrag als Friedensgewinn nur dann zugrunde gelegt, wenn der in dem ersten Geschäftsjahr erzielte Geschäftsgewinn auf ein volles Jahr umgerechnet keinen höheren Betrag ergibt. Für die Berechnung des Friedensgewinns gemäß § 17 Abs. 1 des Gesetzes kommen dagegen nur volle Geschäftsjahre in Betracht.

Ist zur Fortführung desselben Unternehmens eine Gesellschaft der im § 13 des Gesetzes bezeichneten Art in eine andere Gesellschaft der im § 13 des Gesetzes bezeichneten Art umgewandelt worden, so sind für die Festsetzung des Friedensgewinns die Ergebnisse der Gesellschaft in der früheren Form mitzuberücksichtigen.

Auf Fusionen finden, soweit sie mit einer Kapitalvermehrung der aufnehmenden Gesellschaft verbunden sind, die Vorschriften des § 17 Abs. 2 und 5 des Gesetzes über Vermehrungen des Grund- oder Stammkapitals entsprechende Anwendung. Bei der Feststellung des der Gesellschaft tatsächlich zugeflossenen Kapitalbetrags sind Sacheinlagen mit ihrem gemeinen Werte zur Zeit der Fusion anzusetzen.

§ 25. Umfaßt ein Kriegsgeschäftsjahr einen kürzeren Zeitraum als zwölf Monate, so wird für die Berechnung des Mehrgewinns der Gewinn dieses Kriegsgeschäftsjahrs mit einem verhältnismäßigen Teilbetrage des Friedensgewinns verglichen.

Die Kriegsgeschäftsjahre einer Gesellschaft, deren erstes Kriegsgeschäftsjahr nicht zugleich ihr erstes Geschäftsjahr war, müssen einen Zeitraum von mindestens 36 Monaten umfassen. Ein bei Ablauf der 36 Monate noch laufendes Geschäftsjahr ist voll zu berücksichtigen, es sei denn, daß für den Zeitpunkt des Ablaufs der 36 Monate ein Geschäftsabschluß gemacht wird.

Wird eine Gesellschaft nach dem 1. August 1914, vor Ablauf des Zeitraums, der im Falle ihres Weiterbestehens in die Kriegsgeschäftsjahre hineinfallen würde, aufgelöst, so bleibt die Steuerpflicht für die Zeit bis zur Auflösung der Gesellschaft bestehen.

§ 26. Zu den wirklichen Reservekontenbeträgen (§ 19 des Gesetzes) gehören nur solche Bilanzposten, die ausweislich der Bilanz eine Kapitalsansammlung über den Betrag des Grundkapitals hinaus darzustellen bestimmt sind (z. B. der gesetzliche Reservefonds, freiwillige Reservefonds, Dividendenausgleichsfonds, Rückstellungen für künftige, möglicherweise eintretende Verluste oder Ausgaben), dagegen u. a. nicht Posten, die einen Ausgleich für die Wertminderung von Vermögensgegenständen der Gesellschaft darstellen sollen (z. B. Erneuerungsfonds) oder die zur Deckung bereits begründeter Verpflichtungen eingestellt sind, bei Versicherungsgesellschaften die Rücklagen für die Versicherungssummen und für die den Versicherten selbst als sogenannte Dividende zurückzugewährenden Prämienüberschüsse. Hierbei ist nicht die Benennung des Postens in der Bilanz, sondern seine aus dem Gesetze, der Satzung, den Geschäftsberichten, Generalversammlungsbeschlüssen und anderen Anhaltspunkten zu entnehmende Bestimmung maßgebend.

§§ 27—50. [Vorschriften für die Behörden über Berechnung, Erhebung, Vorauszahlung, Erstattung der Steuer usw.].

VII. Besitzsteuer-Ausführungsbestimmungen.

Bekanntmachung des Reichskanzlers vom 30. November 1916.

(Zentralblatt für das Deutsche Reich 1916 S. 414 ff.)

§§ 1—20 [Veranlagungsvorschriften für die Behörden].

Feststellung des Vermögenszuwachses.

§ 21. Der Vermögenszuwachs ergibt sich aus der Vergleichung des Vermögensstandes am Ende des Veranlagungszeitraums (Endvermögen) mit dem Vermögensstand am Anfang des Veranlagungszeitraums (Anfangsvermögen).

Als Anfang des Veranlagungszeitraums (§ 19 Abs. 1 des

Gesetzes) gilt der 1. Januar 1914, wenn der Steuerpflichtige damals schon zu den im § 11 des Gesetzes aufgeführten Personen gehört hat, oder, wenn dies nicht der Fall war, der Zeitpunkt, an dem später die persönliche Steuerpflicht eingetreten ist.

Der Vermögensstand an dem im Abs. 2 bezeichneten Zeitpunkt ist als Anfangsvermögen so lange maßgebend, bis eine Besitzsteuer zu veranlagen ist. Ist es zu einer Besitzsteuerveranlagung gekommen, so ist das hierbei festgestellte Endvermögen später wieder so lange als Anfangsvermögen maßgebend, bis erneut eine Besitzsteuer zu veranlagen ist.

Ist die persönliche Steuerpflicht in der Folgezeit weggefallen und wird sie später neubegründet, so ist für die weitere Besitzsteuerveranlagung das zur Zeit der Neubegründung der persönlichen Steuerpflicht vorhandene Vermögen als Anfangsvermögen maßgebend.

§ 22. Bei der Besitzsteuerveranlagung ist in der Regel nur das Vermögen des Steuerpflichtigen für das Ende des Veranlagungszeitraums, erstmals für den 31. Dezember 1916 (§ 18 des Gesetzes), neu festzustellen.

Das Anfangsvermögen ist nur dann gleichzeitig mit der Ermittelung des Endvermögens nachträglich festzustellen, wenn eine rechtskräftige Feststellung durch Erteilung eines Veranlagungs- oder Feststellungsbescheids gemäß § 47 des Wehrbeitraggesetzes oder später durch Erteilung eines Steuer- oder Feststellungsbescheids gemäß § 65 des Besitzsteuergesetzes nicht stattgefunden hat.

Ist im Wege des aus Billigkeitsrücksichten gewährten gänzlichen oder teilweisen Erlasses des rechtskräftig veranlagten Wehrbeitrags oder der rechtskräftig veranlagten Besitzsteuer das Vermögen anderweit ermittelt, so ist nicht das rechtskräftig festgestellte Vermögen, sondern das anderweit ermittelte Vermögen als Anfangsvermögen maßgebend.

§ 23. Wenn das Vermögen am Ende des Veranlagungszeitraums den nach § 28 Abs. 3 des Gesetzes abgerundeten Betrag von dreißigtausend Mark nicht übersteigt, so genügt die Angabe des Steuerpflichtigen, daß die Vermögenszunahme während des Veranlagungszeitraums mehr als zehntausend Mark betragen hat. Eine Feststellung des tatsächlich vorhanden gewesenen Anfangsvermögens ist in diesem Falle nicht erforderlich.

Haben zu Beginn des Veranlagungszeitraums die abzugsfähigen Schulden und Lasten den Gesamtwert des Aktivvermögens überstiegen (§ 19 Abs. 2 des Gesetzes), so gilt das für den Schluß des Veranlagungszeitraums festgestellte Reinvermögen als Vermögenszuwachs.

§ 24. War jemand nur gemäß § 10 Nr. II des Wehrbeitraggesetzes beschränkt beitragspflichtig, dagegen schon seit dem 1. Januar 1914 gemäß § 11 Nr. I des Besitzsteuergesetzes unbeschränkt steuerpflichtig, so ist für den 1. Januar 1914 das damals vorhandene steuerbare Vermögen neu festzustellen. Maßgebendes Anfangsvermögen ist in diesem Falle das nachträglich für den 1. Januar 1914 festgestellte Vermögen, es sei denn, daß dieses niedriger ist als das früher festgestellte, gemäß § 10 Nr. II des Wehrbeitraggesetzes beitragspflichtige Vermögen.

Entsprechendes gilt, wenn später an Stelle der bisherigen beschränkten persönlichen Steuerpflicht (§ 11 Nr. II des Besitzsteuergesetzes) die unbeschränkte persönliche Steuerpflicht (§ 11 Nr. I des Besitzsteuergesetzes) tritt. Das für den Zeitpunkt des Eintritts der unbeschränkten Steuerpflicht neu festzustellende steuerbare Vermögen gilt dann als Anfangsvermögen, es sei denn, daß dieses niedriger ist als das früher festgestellte, schon von der beschränkten persönlichen Steuerpflicht erfaßte Vermögen.

§ 25. Im Sinne des § 23 Abs. 2 des Gesetzes gilt als der Besteuerung entzogen jedes Vermögen, das auf irgendeine Weise während des Veranlagungszeitraums aus steuerbarem Vermögen in nichtsteuerbares Vermögen umgewandelt worden ist.

§ 26. Ist das Vermögen von Ehegatten gemäß § 14 des Gesetzes für den Schluß des Veranlagungszeitraums zusammenzurechnen, ohne daß die Voraussetzungen der Zusammenrechnung für den Beginn des Veranlagungszeitraums gegeben sind, so ist als Anfangsvermögen maßgebend die Summe des für den Beginn des Veranlagungszeitraums festgestellten oder nachträglich zu ermittelnden Vermögens jedes der beiden Ehegatten.

War dagegen das Vermögen von Ehegatten früher zusammengerechnet worden (§ 13 des Wehrbeitraggesetzes, § 14 des Besitzsteuergesetzes) und sind die Voraussetzungen der Zusammenrechnung für den Schluß des Veranlagungszeitraums nicht mehr gegeben, so ist das Vermögen, das der betreffende Ehegatte bei Beginn des Veranlagungszeitraums besessen hat, nachträglich zu ermitteln und als Anfangsvermögen zugrunde zu legen.

Die Ausscheidung der nach §§ 15 und 16 des Gesetzes steuerfreien Zuwachsbeträge hat in der Weise zu erfolgen, daß diese Beträge von dem noch nicht abgerundeten Endvermögen abgezogen werden.

Nach § 15 des Gesetzes steuerfrei ist der dem Anteil des überlebenden Ehegatten am Nachlaßvermögen entsprechende Teilbetrag desjenigen Vermögens, das als Anfangsvermögen gegolten hätte, wenn der verstorbene Ehegatte auf den Zeitpunkt seines Todes zur Besitzsteuer zu veranlagen gewesen wäre.

Ermittlung des Vermögenswerts.

§ 27. Der Ermittlung des Vermögenswerts ist, soweit das Gesetz nichts anderes vorschreibt, der gemeine Wert seiner einzelnen Bestandteile an dem für die Vermögensfeststellung maßgebenden Zeitpunkt zugrunde zu legen.

Der gemeine Wert (Verkaufs- oder Verkehrswert) wird durch den Preis bestimmt, der im gewöhnlichen Geschäftsverkehre nach der Beschaffenheit des Gegenstandes ohne Rücksicht auf ungewöhnliche oder lediglich persönliche Verhältnisse zu erzielen ist.

Ein Vermögensbestandteil, dessen Wert im ganzen zu ermitteln ist, umfaßt alle Gegenstände, die in einem wirtschaftlichen Zusammenhange zueinander stehen.

§ 28. Nach § 28 Abs. 2 des Gesetzes kann der Steuerpflichtige, unbeschadet der Nachprüfung nach § 57 des Gesetzes, verlangen, daß das in einem Betriebe, für welchen regelmäßige jährliche Abschlüsse stattfinden, angelegte Vermögen nach dem Bestand und Werte am Schlusse des letzten Wirtschafts- oder Rechnungsjahrs festgestellt wird. Die seit dem Schlusse des letzten Wirtschafts- oder Rechnungsjahrs bis zum gesetzlichen Stichtag eingetretenen Verschiebungen zwischen dem im Betrieb angelegten Vermögen und dem sonstigen Vermögen des Steuerpflichtigen sind zu berücksichtigen.

Die Anwendung des § 28 Abs. 2 des Gesetzes setzt eine ordnungsmäßige Buchführung voraus, ist aber nicht davon abhängig, daß der Steuerpflichtige zur Führung von Handelsbüchern gesetzlich verpflichtet ist.

Die Anwendung des § 28 Abs. 2 des Gesetzes darf nicht dazu führen, daß die Besitzsteuerveranlagung nur zwei Jahresabschlüsse erfassen würde.

Macht der Steuerpflichtige von dem Rechte nach Abs. 1 Gebrauch, so hat er der Steuererklärung den Abschluß für das letzte Wirtschafts- oder Rechnungsjahr beizufügen.

Bewertung der Grundstücke nach den Gestehungskosten.

§ 29. Grundstücke sind bei der Vermögensfeststellung auf Antrag des Steuerpflichtigen statt mit dem gemeinen Werte mit dem Betrage der nachgewiesenen oder glaubhaft gemachten Gestehungskosten anzusetzen.

Der Antrag kann bis zum Ablauf der mit der Zustellung des Steuer- oder des Feststellungsbescheids eröffneten Rechtsmittelfrist gestellt werden. Bei gleichzeitiger Feststellung des Anfangs- und Endvermögens kann der Antrag nicht auf eine Feststellung beschränkt werden.

§ 30. Die Gestehungskosten zerfallen in die Gestehungskosten beim Erwerb und in die weiteren Gestehungskosten während der Besitzzeit.

Zu den Gestehungskosten beim Erwerbe sind zu rechnen

1. der Gesamtwert der Gegenleistungen beim Erwerb (Erwerbspreis). Der Wert einer Gegenleistung ist erforderlichenfalls in entsprechender Anwendung der §§ 29, 34 ff. des Gesetzes festzusetzen;
2. die sonstigen Anschaffungskosten einschließlich der öffentlichen Abgaben und etwaiger Vermittlergebühren.

Zu den weiteren Gestehungskosten zählen alle auf das Grundstück gemachten besonderen Aufwendungen während der Besitzzeit, soweit sie nicht zu den laufenden Wirtschaftsausgaben gehören. Die Zurechnung zu den weiteren Gestehungskosten entfällt für solche Aufwendungen, durch die nicht mehr vorhandene Bauten und Verbesserungen hergestellt worden sind.

Von den Gestehungskosten (Abs. 2 und 3) sind die durch Verschlechterung entstandenen Wertminderungen abzuziehen (§ 30 Abs. 2 Satz 2 des Gesetzes). Als Verschlechterung ist jede Beeinträchtigung des Bestandes und der Beschaffenheit eines Grundstücks anzusehen, so daß auch Wertminderungen infolge Abnutzung, infolge mangelhafter Bodenbestellung oder Verringerung des lebenden und toten Inventars zu berücksichtigen sind. Eine Verschlechterung, die bereits nach Abs. 3 Satz 2 berücksichtigt worden ist, bleibt außer Betracht.

Wehrbeitragswert als Gestehungskosten.

§ 31. Für Grundstücke, die vor dem 1. Januar 1914 erworben worden sind, tritt an die Stelle der Gestehungskosten beim Erwerb und an die Stelle der bis zum 1. Januar 1914 zu berücksichtigenden weiteren Gestehungskosten während der Besitzzeit der bei der Veranlagung des Wehrbeitrags zugrunde gelegte Wert, so daß diesem nur die seit dem 1. Januar 1914 gemachten besonderen Aufwendungen hinzuzurechnen und von ihm die seit dem 1. Januar 1914 durch Verschlechterung etwa entstandenen Wertminderungen abzuziehen sind.

Gemeiner Wert oder Ertragswert zur Zeit des Erwerbes als Gestehungskosten.

§ 32. Für Grundstücke, die seit dem 1. Januar 1914 durch eine der im § 31 Abs. 1 des Gesetzes bezeichneten Erwerbsarten erworben worden sind, tritt an die Stelle der Gestehungskosten beim Erwerbe (§ 30 Abs. 2) der gemeine Wert (Verkaufswert), soweit jedoch die Grundstücke dauernd land- oder forstwirtschaftlichen oder gärtnerischen Zwecken zu dienen bestimmt sind, oder soweit bebaute Grundstücke Wohnzwecken oder gewerblichen Zwecken zu dienen bestimmt sind, und ihre Bebauung und Benutzung der ortsüblichen Bebauung und Benutzung entspricht, der Ertragswert oder auf Antrag des Steuerpflichtigen ebenfalls der gemeine Wert zur Zeit des Erwerbes. Diesem Werte sind die seit dem Erwerbe gemachten besonderen Aufwendungen hinzuzurechnen, und es sind von ihm die etwa seit dem Erwerbe durch Verschlechterung entstandenen Wertminderungen abzuziehen.

§ 33. Für Grundstücke, die seit dem 1. Januar 1914 durch eine nicht unter § 31 Abs. 1 des Gesetzes fallende Erwerbsart zu einem Preise erworben worden sind, der um mehr als 10 vom Hundert hinter dem gemeinen Werte zur Zeit des Erwerbes, und soweit es sich um Grundstücke handelt, die unter der Voraussetzung des § 31 Abs. 1 des Gesetzes mit dem Ertragswert zu bewerten sind, zugleich auch hinter dem Ertragswert zur Zeit des Erwerbes zurückbleibt, tritt an die Stelle der Gestehungskosten beim Erwerbe (§ 30 Abs. 2) ebenfalls der gemeine Wert und bei den unter der Voraussetzung des § 31 Abs. 1 des Gesetzes mit dem Ertragswert zu bewertenden Grundstücken der Ertragswert oder auf Antrag des Steuerpflichtigen der gemeine Wert zur Zeit des Erwerbes. § 32 Satz 2 findet Anwendung.

Ermittlung des Ertragswerts (als Gestehungskosten).

§ 34. Zu den Grundstücken, die dauernd land- oder forstwirtschaftlichen oder gärtnerischen Zwecken zu dienen bestimmt sind (§ 31 des Gesetzes), sind land- oder forstwirtschaftlich oder gärtnerisch genutzte Grundstücke nicht mehr zu rechnen, deren gemeiner Wert schon zur Zeit des Erwerbes durch ihre Lage als Bauland oder als Land zu Verkehrszwecken bestimmt wird, oder bei denen nach den sonstigen Umständen, z. B. nach ihrer Lage und Beschaffenheit, ihrem Erwerbspreis oder ihrer Belastung, anzunehmen ist, daß sie in absehbarer Zeit anderen als land- oder forstwirtschaftlichen oder gärtnerischen Zwecken dienen werden.

Bebaute Grundstücke, die Wohnzwecken oder gewerblichen Zwecken zu dienen bestimmt sind, können nach dem Ertragswert gemäß § 31 des Gesetzes nur dann bewertet werden, wenn ihre Bebauung und Benutzung zur Zeit des Erwerbes der ortsüblichen Bebauung und Benutzung entspricht. Dies ist dann zu verneinen, wenn die Art der Benutzung und die Höhe der Aufwendungen für die Herstellung und Unterhaltung von baulichen und sonstigen Anlagen erkennen lassen, daß ein Grundstück außergewöhnlichen Zwecken, insbesondere dem Luxus des Besitzers, zu dienen bestimmt ist, oder wenn der gemeine Wert eines Grundstücks durch eine wirtschaftliche Verwertbarkeit bestimmt wird, die eine wesentlich andere Bebauung und Benutzung als die tatsächliche voraussetzt.

§§ 35—46 [Vorschriften über die Ermittelung des Ertragswertes bei land- oder forstwirtschaftlichen oder Gärtnereigrundstücken].

Wertermittlung bei dem sonstigen Vermögen.

§ 47. Rechte der im § 6 Nr. 6 des Gesetzes bezeichneten Art sind dem steuerbaren Vermögen dann nicht zuzurechnen, wenn nach Eintritt des Versicherungsfalls § 7 des Gesetzes Anwendung finden würde.

§ 48. Bringt der Steuerpflichtige von dem Werte seiner mit Dividendenschein gehandelten Wertpapiere einen Gewinnbetrag in Abzug (§ 34 Abs. 2 des Gesetzes), so hat er die Wertpapiere, für welche der Abzug begehrt wird, nach Stückzahl oder Nennbetrag und Gattung besonders zu bezeichnen.

Auf Wertpapiere, die Bestandteil eines Betriebsvermögens sind, findet die Vorschrift des § 34 Abs. 2 des Gesetzes keine Anwendung.

§§ 49—82 [Vorschriften für die Behörden, Veranlagung, Berechnung, Erhebung, Stundung der Steuer usw.].

VIII. Gesetz über die Erhebung eines Zuschlages zur Kriegssteuer.

Vom 9. April 1917.

(RGBl. S. 349.)

§ 1. Zu der auf Grund des Kriegssteuergesetzes vom $\frac{\text{21. Juni 1916}}{\text{17. Dezember 1916}}$ (Reichs-Gesetzbl. S. 561 und 1407) geschuldeten außerordentlichen Kriegsabgabe wird zugunsten des Reichs ein Zuschlag in Höhe von 20 vom Hundert ihres Betrags erhoben.

Sofern das Gesamtvermögen des Steuerpflichtigen nach dem Stande vom 31. Dezember 1916 einhunderttausend Mark nicht übersteigt, ermäßigt sich auf Antrag des Steuerpflichtigen der Zuschlag

bei Steuerpflichtigen

mit mehr als 2 Kindern unter 18 Jahren auf 15 vom Hundert,

mit mehr als 3 Kindern unter 18 Jahren auf 10 vom Hundert,

mit mehr als 4 Kindern unter 18 Jahren auf 5 vom Hundert

und wird bei Steuerpflichtigen mit mehr als 5 Kindern unter 18 Jahren nicht erhoben. Dem Antrag ist nur stattzugeben, wenn er binnen einem Monat nach Zustellung des Steuerbescheids (§ 2 Satz 1) oder der nachträglichen Mitteilung (§ 2 Satz 2) gestellt wird.

§ 2. Die Festsetzung des Zuschlags erfolgt durch den Steuerbescheid (§ 29 des Kriegssteuergesetzes). Ist ein Steuerbescheid ohne gleichzeitige Festsetzung des Zuschlags erteilt worden, so erfolgt die Festsetzung des Zuschlags durch eine nachträgliche Mitteilung des Besitzsteueramts an den Steuerpflichtigen.

§ 3. Wird die Kriegsabgabe im Rechtsmittel-, Berichtigungs-, Neu- oder Nachveranlagungsverfahren anderweit veranlagt, oder wird die Kriegsabgabe aus Billigkeitsgründen ermäßigt oder erlassen, so ist auch der Zuschlag entsprechend anderweit festzusetzen oder zu erlassen.

§ 4. Gegen die Festsetzung des Zuschlags steht dem Steuerpflichtigen nach näherer Bestimmung der obersten Landesfinanzbehörde nur die Anrufung der übergeordneten Verwaltungsbehörden offen.

§ 5. Der Zuschlag wird mit der Abgabe zu den gleichen Fristen und Teilbeträgen erhoben.

Die Vorschriften in § 25, § 31 Abs. 3 bis 5 und § 32 des Kriegssteuergesetzes gelten auch für die Entrichtung des Zuschlags.

§ 6. Machen steuerpflichtige Einzelpersonen oder Gesellschaften glaubhaft, daß das Jahr, das auf den vom Kriegssteuergesetz erfaßten Zeitraum folgt, zu einer Vermögensminderung oder einem Mindergewinn in Höhe von mindestens einem Fünftel des steuerpflichtigen Vermögenszuwachses oder Mehrgewinns geführt hat oder führen wird, so ist auf ihren Antrag der Zuschlag bis auf weitere gesetzliche Regelung ohne Sicherheitsleistung zu stunden. Die bezahlte Kriegsabgabe sowie etwaige im neuen Jahr gemachte Zuwendungen zu kirchlichen, mildtätigen oder gemeinnützigen Zwecken sind hierbei nicht zu berücksichtigen.

Die Vorschrift im Abs. 1 findet keine Anwendung, wenn der Steuerpflichtige seinen Wohnsitz oder Aufenthalt ins Ausland verlegt hat.

§ 7. Als Abgabe im Sinne von §§ 10, 11, § 28 Abs. 2, §§ 33, 34, 37 des Kriegssteuergesetzes gilt die Abgabe einschließlich des Zuschlags.

Von dem Gesamtaufkommen an Kriegsabgabe und Zuschlag gilt ein Sechstel als Aufkommen aus dem Zuschlag.

§ 8. Die Erhebung eines Zuschlags zur Kriegssteuer sowie die Sonderbesteuerung des Vermögenszuwachses, Mehreinkommens und Mehrgewinns für einen von der Kriegssteuer erfaßten Zeitraum durch die Bundesstaaten oder Gemeinden (Gemeindeverbände) ist unzulässig.

§ 9. Dieses Gesetz tritt am Tage seiner Verkündung in Kraft.

Urkundlich usw.

Gegeben usw.

IX. Gesetz über Sicherung der Kriegssteuer.

Vom 9. April 1917.

(RGBl. S. 351.)

§ 1. Die nach dem Kriegssteuergesetze vom 21. Juni 1916 (Reichs-Gesetzbl. S. 561) steuerpflichtigen Einzelpersonen haben vor einer Verlegung ihres Wohnsitzes oder Aufenthalts in das Ausland auf Verlangen der Steuerbehörde Sicherheit für eine künftige Kriegssteuer zu leisten. Die oberste Landesfinanzbehörde oder die von ihr bezeichnete Behörde bestimmt den Betrag der Sicherheit. Dieser Betrag kann nach den für die Einziehung öffentlicher Abgaben geltenden Vorschriften beigetrieben werden.

Die Vorschriften im Abs. 1 gelten auch, wenn Tatsachen vorliegen, welche die Annahme rechtfertigen, daß ein Steuerpflichtiger auf andere Weise, insbesondere durch Verbringung von Vermögen ins Ausland, die Beitreibung der künftigen Kriegssteuer gefährdet.

Verweigert ein sich im Ausland aufhaltender Steuerpflichtiger die Sicherheitsleistung, so kann sein im Inland befindliches Vermögen mit Beschlag belegt werden.

§ 2. Die in den §§ 13, 20, 23 des Kriegssteuergesetzes vom 21. Juni 1916 bezeichneten Gesellschaften und juristischen Personen haben in eine neu zu bildende Kriegssteuerrücklage sechzig vom Hundert des in dem weiteren Kriegsgeschäftsjahr erzielten Mehrgewinns einzustellen.

Als weiteres Kriegsgeschäftsjahr gilt das auf die Kriegsgeschäftsjahre im Sinne des § 15 des Kriegssteuergesetzes folgende Geschäftsjahr.

Für die Berechnung des Mehrgewinns finden die Vorschriften im § 14 Abs. 1 und 2, §§ 16, 17, 18, 20, 23, 24 des Kriegssteuergesetzes Anwendung.

Hat der Reichskanzler mit Zustimmung des Bundesrats gemäß § 24 oder der Bundesrat gemäß § 36 des Kriegssteuergesetzes Anordnungen getroffen oder eine anderweite Berechnung des Mehrgewinns bewilligt, so gelten die Grundlagen dieser Berechnung auch für das neue Kriegsgeschäftsjahr.

§ 3. Die Befreiung von der Verpflichtung zur Bildung einer Sonderrücklage gemäß § 7 des Gesetzes über vorbereitende Maßnahmen zur Besteuerung der Kriegsgewinne vom 24. Dezember 1915 (Reichs-Gesetzbl. S. 837) erstreckt sich auch auf das neue Kriegsgeschäftsjahr.

§ 4. Die Vorschriften im § 6 Abs. 2, § 8 Abs. 1 bis 3 und Abs. 5, § 9 des Gesetzes über vorbereitende Maßnahmen zur Besteuerung der Kriegsgewinne vom 24. Dezember 1915 gelten entsprechend auch für die neue Kriegssteuerrücklage.

§ 5. Der Bundesrat ist ermächtigt, Ausführungsbestimmungen zu erlassen und Zuwiderhandlungen mit Geldstrafe bis zu eintausendfünfhundert Mark zu bedrohen.

§ 6. Das Gesetz tritt am Tage seiner Verkündung in Kraft.

Urkundlich usw.

Gegeben usw.

X. Gesetz über Erhöhung der Tabakabgaben.

Vom 12. Juni 1916.

(RGBl. S. 507.)

Wir Wilhelm, von Gottes Gnaden Deutscher Kaiser, König von Preußen usw. verordnen im Namen des Reichs, nach erfolgter Zustimmung des Bundesrats und des Reichstags, was folgt:

Art. I. Das Tabaksteuergesetz vom 15. Juli 1909 (Reichs-Gesetzbl. S. 793) wird, wie folgt, geändert:

1. An die Stelle des § 1 treten die nachstehenden Vorschriften:

Zoll.

§ 1. An Zoll ist zu erheben für 1 Doppelzentner:

1. Tabakblätter, unbearbeitet oder nur gegoren (fermentiert) oder über Rauch getrocknet, auch in Büscheln, Bündeln oder Puppen . . . . 130 ℳ

2. Tabakerzeugnisse:

a)	Tabakrippen und Tabakstengel, auch mit Tabakbrühe behandelt (gebeizt)	85 *M*
b)	Tabaklaugen, auch gemischt mit Tabakbrühe Anmerkung: Nach näherer Bestimmung des Bundesrats können Tabaklaugen, die zur Bekämpfung von Pflanzenschädlingen bestimmt sind, zollfrei abgelassen werden.	100 „
c)	Tabakblätter, bearbeitet (ganz oder teilweise entrippt, auch mit Tabakbrühe behandelt [gebeizt] usw.); Abfälle von bearbeiteten Tabakblättern und Abfälle von Tabakerzeugnissen, auch gemischt mit Abfällen von Rohtabak (Scraps)	280 „
d)	Karotten (Mangotes), Stangen und Rollen zur Herstellung von Schnupftabak . . .	300 „
e)	Schnupftabak, Kautabak, Pfeifentabak in Rollen oder Platten, Tabakmehl, Tabakstaub; Papier aus Stengeln oder Rippen von Tabakblättern	600 „
f)	geschnittener Rauchtabak	1100 „
g)	Zigarren	700 „
h)	Zigaretten	1500 „

Anmerkung: Für Zigarettenpapier aus Stengeln oder Rippen von Tabakblättern mit Ausnahme des zur gewerblichen Verarbeitung bestimmten, ferner für feingeschnittenen Tabak und für Zigaretten sind neben dem Eingangszolle die inneren Abgaben zu erheben.

2. § 2 Abs. 1 Satz 1 wird, wie folgt, geändert:

Tabakblätter, unbearbeitet und bearbeitet (§ 1

Ziffer 1 und 2c), unterliegen außer dem vorgeschriebenen Zolle einem Zollzuschlage von fünfundsechzig vom Hundert des Wertes.

3. § 2 Abs. 3 erhält folgenden Zusatz:
Der Zollzuschlag kann auf Antrag gegen Sicherheitsleistung für eine Frist bis zu sechs Monaten gestundet werden.

4. § 9 Abs. 1 erhält folgende Fassung:
Zigarren unterliegen außer dem vorgeschriebenen Zolle einem gleichzeitig mit diesem zu entrichtenden Zollzuschlage von fünfundsechzig vom Hundert des Wertes.

5. An die Stelle von § 9 Abs. 5 Satz 1 tritt folgende Vorschrift:
Für die im Reiseverkehr eingebrachten Zigarren beträgt der Zollzuschlag 1700 ℳ für einen Doppelzentner.

6. § 11 Abs. 2 wird, wie folgt, geändert:
Die Steuer wird vom Gewichte des Tabaks in gegorenem (fermentiertem) oder getrocknetem, verarbeitungsreifem Zustand erhoben und beträgt für einen Doppelzentner

Tabakblätter	70 ℳ
Tabakblätter, welche zur Herstellung von Tabakerzeugnissen verwendet werden, auf die das Zigarettensteuergesetz vom 3. Juni 1906 Anwendung findet, und Grumpen	45 „

7. Im § 25 Abs. 3 wird nach dem zweiten Satze folgende Vorschrift eingefügt:
Nach näherer Bestimmung des Bundesrats kann von der Erhebung der Tabaksteuer auch dann abgesehen werden, wenn der Tabak zur Herstellung von Tabaklauge verarbeitet und die gewonnene Lauge entweder

über die Zollgrenze ausgeführt oder zur Verwendung bei der Herstellung menschlicher Genußmittel unbrauchbar gemacht oder zur Bekämpfung von Pflanzenschädlingen verwendet wird.

8. § 33 Abs. 1 Satz 2 erhält folgende Fassung:
Die Steuer beträgt für einen Geviertmeter der mit Tabak bepflanzten Fläche 7 Pfennig, im ganzen aber mindestens 70 Pfennig.

Art. II. Das Zigarettensteuergesetz vom 3. Juni 1906 (Reichs-Gesetzbl. S. 631) wird, wie folgt, geändert:

1. Im § 2 Abs. 1 wird Ziffer 2a aufgehoben; in Ziffer 2b ist statt „5 bis 10 Mark" zu setzen: „8 bis 10 Mark".
2. Im § 2 Abs. 3 Satz 1 ist statt „3 Mark" und im § 5 Abs. 3 Satz 1 statt „drei Mark" zu setzen: „acht Mark".
3. Im § 2 Abs. 3 wird als Satz 2 eingefügt:
   Der Bundesrat ist ermächtigt, diese Preisgrenze bis auf fünf Mark herabzusetzen.

Kriegsaufschlag für zigarettensteuerpflichtige Erzeugnisse.

Art. III. Für zigarettensteuerpflichtige Erzeugnisse werden neben der Zigarettensteuer (§ 2 des Zigarettensteuergesetzes vom 3. Juni 1906 und Artikel III a des Gesetzes wegen Änderung des Tabaksteuergesetzes vom 15. Juli 1909) folgende Kriegsaufschläge erhoben:

1. für Zigaretten im Kleinverkaufspreise

bis zu 1½ Pf. das Stück . . .	3 ℳ	für	1000	Stück
über 1½ bis 2½ Pf. das Stück	5 „	„	1000	„
„ 2½ „ 3½ „ „ „	7 „	„	1000	„
„ 3½ „ 5 „ „ „	12 „	„	1000	„
„ 5 „ 7 „ „ „	18 „	„	1000	„
„ 7 Pf. das Stück	25 „	„	1000	„

2. für Zigarettentabak im Kleinverkaufspreis

über 8 bis 10 M das Kilogramm	3 M für ein Kilogramm	
„ 10 „ 20 „ „ „	5 „ „ „ „	
„ 20 „ 30 „ „ „	8 „ „ „ „	
„ 30 M das Kilogramm . .	12 „ „ „ „	

3. für Zigarettenpapier, mit Ausnahme des zur gewerblichen Verarbeitung bestimmten, 6 Mark für 1000 Zigarettenhüllen.

Der Bundesrat ist ermächtigt, die Preisgrenze von 8 Mark in Ziffer 2 bis auf 5 Mark herabzusetzen.

Betriebe, die in der Zeit vom 1. Juli 1916 bis zum 31. Dezember 1916 mehr Zigaretten versteuert haben als in der Zeit vom 1. Oktober 1915 bis zum 31. März 1916, haben, soweit die Mehrversteuerung 15 vom Hundert überschreitet, für die mehr versteuerte Menge einen erhöhten Kriegsaufschlag zu entrichten. Der erhöhte Kriegsaufschlag beträgt bei einer Mehrversteuerung von über 15 bis 20 vom Hundert das Zweifache, bei einer Mehrversteuerung von über 20 bis 25 vom Hundert das Dreifache und bei einer Mehrversteuerung von über 25 vom Hundert das Vierfache des vom Betrieb im Kontingentsabschnitt durchschnittlich gezahlten Kriegsaufschlags.

Der Bundesrat kann zur Vermeidung von Härten für einzelne Betriebe die zum einfachen Kriegsaufschlage zu versteuernden Mengen anderweitig festsetzen.

Für die Zeit nach dem 31. Dezember 1916 bestimmt der Bundesrat, für welche Mengen der einfache Kriegsaufschlag zu entrichten ist. Die darüber hinaus versteuerten Mengen unterliegen dem erhöhten Kriegsaufschlage nach vorstehenden Sätzen.

Bei der Berechnung der Zigarettensteuer (§ 2 Abs. 1 Ziffer 1 und 2 des Zigarettensteuergesetzes vom 3. Juni 1906 und Artikel IIIa des Gesetzes wegen Änderung des Tabaksteuergesetzes vom 15. Juli 1909) bleibt der Kriegsaufschlag außer Betracht. Die Höchstgrenzen der Steuerklassen dürfen bei Abgabe von Zigaretten oder Zigarettentabak an Verbraucher um den Kriegsaufschlag überschritten werden, ohne daß dadurch ein Übergang in eine höhere Steuerklasse herbeigeführt wird; dabei können Pfennigbruchteile des Kriegsaufschlags auf volle Pfennige nach oben abgerundet werden.

Der Kriegsaufschlag ist gleichzeitig mit der Zigarettensteuer zu entrichten. Die näheren Bestimmungen trifft der Bundesrat.

Für die Erhebung und Verwaltung des Kriegsaufschlags wird den Bundesstaaten keine besondere Vergütung gewährt.

Der Kriegsaufschlag kann ohne Sicherheitsleistung für eine Frist bis zu drei Monaten gestundet werden.

Im übrigen gelten die Vorschriften des Zigarettensteuergesetzes insbesondere die Strafvorschriften, auch für den Kriegsaufschlag.

Übergangsvorschriften.

Art. IV. 1. Die nach dem 15. Mai 1916 bis zum Inkrafttreten des Gesetzes verzollten und versteuerten Tabakblätter unterliegen der Nachverzollung und Nachversteuerung. Für die in der gleichen Zeit von Händlern verzollten Zigarren und Zigaretten wird ein Nachzoll erhoben.

2. Für die am Tage des Inkrafttretens dieses Gesetzes im Besitz oder Gewahrsam von Herstellern und Händlern befindlichen versteuerten Vorräte an Zigaretten, Zigarettentabaken und Zigarettenhüllen wird der Kriegsaufschlag nacherhoben. Sofern der nachzuerhebende Kriegsaufschlag mehr als 100 Mark beträgt, kann er auf Antrag für eine Frist von drei Monaten gestundet werden.

3. Hersteller und Händler haben die bei Inkrafttreten dieses Gesetzes in ihrem Besitz oder Gewahrsam befindlichen versteuerten Vorräte an Zigaretten, Zigarettentabaken und Zigarettenhüllen innerhalb der zu bestimmenden Frist dem zuständigen Steueramt anzumelden.

4. Die näheren Bestimmungen über die Nachverzollung und Nachversteuerung trifft der Reichskanzler. Der Reichskanzler kann Ausnahmen zulassen.

5. Die Strafvorschriften des Vereinszollgesetzes, des Tabaksteuergesetzes vom 15. Juli 1909 und des Zigarettensteuergesetzes vom 3. Juni 1906 finden auf die Nachverzollung und Nachversteuerung Anwendung.

6. Soweit beim Inkrafttreten des Gesetzes Verträge über Lieferung von Tabakblättern, Tabakerzeugnissen sowie von Zigarettenpapier durch Händler oder Hersteller bestehen, ist der Abnehmer verpflichtet, dem Händler oder Hersteller einen Zuschlag zu dem vereinbarten Preise in dem Betrage zu zahlen, um den sich für den Händler oder Hersteller die Abgabenbelastung der Waren erhöht hat.

Die Vorschrift findet keine Anwendung, wenn ausdrückliche Vertragsbestimmungen entgegenstehen.

Art. V. Die mehr als ein Jahr im Tabakgewerbe und den durch dieses mitbeschäftigten Gewerben beschäftigt gewesenen Hausgewerbetreibenden und Arbeiter, welche nachgewiesenermaßen infolge dieses Gesetzes innerhalb des ersten Jahres nach dessen Inkrafttreten entweder vorübergehend oder für längere Zeit arbeitslos werden, ohne anderweit entsprechende Beschäftigung zu finden, oder wegen notwendig gewordenen Berufswechsels oder wegen Einschränkung des Betriebs geschädigt werden, erhalten Unterstützungen bis zu einem Zeitraum von einem halben Jahre. Zu diesem Zwecke werden

den Einzelstaaten die erforderlichen Mittel, dem festgestellten Bedürfnis entsprechend, überwiesen.

Die näheren Vorschriften über Umfang und Bedingungen der Zuwendungen erläßt der Bundesrat, jedoch mit der Maßgabe, daß die Unterstützung im Falle eingetretener Arbeitslosigkeit nicht weniger betragen darf als drei Viertel des entgangenen Arbeitsverdienstes.

Art. VI. Dieses Gesetz, mit Ausnahme der Vorschriften im Artikel I Ziffer 2 und im Artikel II, tritt am 1. Juli 1916 in Kraft.

Die Vorschrift im Artikel I Ziffer 2 wird durch Verordnung des Bundesrats unter entsprechender Regelung der Nachverzollung in Kraft gesetzt, jedoch nicht früher, als bis in einem Kalendervierteljahre der der Verzollung von Tabakblättern zugrunde gelegte Wert durchschnittlich weniger als 180 Mark für einen Doppelzentner betragen haben wird.

Die Vorschrift im Artikel II tritt am 1. Juni 1916 in Kraft.

Urkundlich usw.

Gegeben usw.

XI. Frachturkundenstempelgesetz.

Vom 17. Juni 1916.

(RGBl. S. 555.)

Wir Wilhelm, von Gottes Gnaden Deutscher Kaiser, König von Preußen usw., verordnen im Namen des Reichs, nach erfolgter Zustimmung des Bundesrats und des Reichstags, was folgt:

Art. I. Nummer 6 des Tarifs zum Reichsstempelgesetze vom 3. Juli 1913 (Reichs-Gesetzbl. S. 639) wird, wie folgt, geändert:

1. Tarifnummer 6d erhält in Spalte 2, 3 folgende Fassung:

d) Frachturkunden im Eisenbahnverkehr über

1. Frachtstückgut und Expreßgut	0,10 ℳ
2. Eilstückgut	0,20 „
3. Frachtgut in Wagenladungen	
bei einem Frachtbetrage von nicht mehr als 25 Mark	1,— „
bei höheren Beträgen	2,— „
4. Eilgut in Wagenladungen	
bei einem Frachtbetrage von nicht mehr als 25 Mark	1,50 „
bei höheren Beträgen	3,— „

Die Steuersätze für Wagenladungen ermäßigen sich auf die Hälfte, wenn das Ladegewicht des gestellten Wagens weniger als 10 Tonnen beträgt.

2. Die Vorschriften in Spalte 4 (Berechnung der Stempelabgabe) zur Tarifnummer 6a bis d erhalten folgende Fassung:

von der einzelnen Urkunde; falls diese jedoch über die Ladung mehrerer Schiffsgefäße oder Eisenbahnwagen lautet, von jeder Schiffs- oder Eisenbahnwagenladung.

Stellt die Eisenbahnverwaltung statt eines Wagens mehrere zur Verfügung, so sind diese mehreren Wagen einer Eisenbahnwagenladung gleichzuachten.

Werden für dieselbe Sendung mehrere Urkunden (weitere Ausfertigungen, Duplikate, Abschriften) ausgestellt, so ist die Abgabe nur einmal zu entrichten.

3. Hinter Tarifnummer 6d wird folgende neue Nummer 6e eingestellt:

e) Urkunden über die einzelnen Sendungen im Eisenbahn-Sammelladungsverkehre der Spediteure (§ 413 Abs. 2 des Handelsgesetzbuchs) . . . . 5 Pfennig	von der einzelnen Urkunde. Werden für dieselbe Sendung mehrere Urkunden (weitere Ausfertigungen, Duplikate, Abschriften) ausgestellt, so ist die Abgabe nur einmal zu entrichten.

4. Hinter Tarifnummer 6e werden in Spalte 2 folgende Vorschriften eingestellt:

Zusatz.

Zu den Frachturkunden im Sinne der Tarifnummer 6d gehören auch die Frachturkunden über die Beförderung von lebenden Tieren. Was als Frachtstückgut, Expreßgut und Eilstückgut sowie als Frachtgut und Eilgut in Wagenladungen im Sinne dieses Tarifs gilt, bestimmt der Bundesrat. Er trifft auch die nähere Anordnung über die Anwendung des Tarifs auf den vereinigten Eisenbahn- und Schiffsverkehr.

Befreit sind:

1. Urkunden über Sendungen, welche nach den gesetzlichen oder Verwaltungsvorschriften frachtfrei zu befördern sind;
2. Urkunden über die Beförderung von Milch, soweit sie nicht in Wagenladungen erfolgt;

3. von der in Tarifnummer 6e angeordneten Abgabe Urkunden über solche Einzelsendungen der dort bezeichneten Art, die auf dem Wege vom Aufgabeorte bis zum Bestimmungsorte zum Teil im Eisenbahnstückgutverkehre befördert werden.

Art. II. Der Abschnitt V des Reichsstempelgesetzes wird geändert, wie folgt:

I. Im § 43 erhält Abs. 2 folgende Fassung:

Im Eisenbahnverkehr ist für die Entrichtung der Abgabe der Frachtführer verantwortlich. Er ist berechtigt, nach seiner Wahl den Betrag der Stempelabgabe vom Absender oder Empfänger einzuziehen. Bei im Inland aufgegebenen Sendungen kann er vom Absender die Einlieferung der Frachtbriefe mit aufgeklebten Stempelmarken verlangen, sofern zu den Frachtbriefen nicht Vordrucke mit eingedrucktem Stempel verwendet sind.

II. Dem § 44 wird am Schlusse folgender Absatz hinzugefügt:

Soweit in dem in Tarifnummer 6e bezeichneten Güterbeförderungsverkehr Urkunden der im Tarife bezeichneten Art nicht ausgestellt werden, ist die Abgabe nach näherer Bestimmung des Bundesrats von der Sendung selbst zu entrichten. Der Bundesrat kann die Entrichtung der Abgabe in anderer Weise als zu der Urkunde auch noch in anderen Fällen anordnen.

III. Im § 45 Abs. 1 werden die Worte „Urkunde der bezeichneten Art" ersetzt durch die Worte „Urkunde der in Tarifnummer 6a, b, c bezeichneten Art",

Art. III. Bei Lieferungsverträgen, die vor Inkrafttreten des Gesetzes abgeschlossen sind, aber über diesen Zeitpunkt hinaus laufen, haben die Vertragschließenden, soweit nicht ein anderes vereinbart ist, das durch dieses festgelegte Mehr an Frachtkosten gemeinsam zu tragen. Dieses Mehr an Frachtkosten bildet keinen Grund zur Vertragsaufhebung.

Art. IV. Der Zeitpunkt des Inkrafttretens dieses Gesetzes wird durch Kaiserliche Verordnung unter Zustimmung des Bundesrats bestimmt.

Urkundlich usw.

Gegeben usw.

XII. Gesetz, betreffend eine mit den Post- und Telegraphengebühren zu erhebende außerordentliche Reichsabgabe.

Vom 21. Juni 1916.

(RGBl. S. 577.)

Wir Wilhelm, von Gottes Gnaden Deutscher Kaiser, König von Preußen usw. verordnen im Namen des Reichs, nach erfolgter Zustimmung des Bundesrats und des Reichstags, was folgt:

§ 1. Die in der nachfolgenden Zusammenstellung bezeichneten Reichsabgaben werden neben den Post- und Telegraphengebühren erhoben.

§ 2. Die Vorschriften über die Entrichtung, Erhebung, Beitreibung und Hinterziehung der Post- und Telegraphengebühren gelten auch für die Reichsabgaben.

§ 3. Der Reichskanzler wird ermächtigt, an Stelle der Einzelabrechnungen über die Reichsabgaben eine vereinfachte

Abrechnung, insbesondere die Zahlung von Pauschbeträgen für die Reichs-Post- und Telegraphenverwaltung anzuordnen und mit den Regierungen von Bayern und Württemberg zu vereinbaren.

Für die Dauer der Erhebung der Reichsabgabe werden die von Bayern und Württemberg entsprechend dem Überschusse der Reichs-Post- und Telegraphenverwaltung jährlich zu zahlenden Ausgleichungsbeträge nach dem Verhältnis der Gebühreneinnahme von Bayern und Württemberg zu der des Reichs berechnet. Weichen die Gebührensätze in Bayern und Württemberg von denen der Reichs-Post- und Telegraphenverwaltung ab, so wird die Gebühreneinnahme für die Berechnung entsprechend richtig gestellt. Als Gebühreneinnahme im Sinne dieser Vorschriften gelten die Postbeförderungs-, die Telegramm- und Fernsprechgebühren, die Zeitungsgebühren und die Einnahme aus dem Postscheckverkehre.

§ 4. Der Reichskanzler kann mit Zustimmung des Bundesrats die Reichsabgaben ermäßigen aber aufheben. Die Aufhebung der Reichsabgaben hat aber spätestens nach Ablauf des zweiten Rechnungsjahrs nach Friedensschluß zu erfolgen, wenn es der Reichstag verlangt.

§ 5. Der Zeitpunkt, mit dem das Gesetz in Kraft tritt, wird durch Kaiserliche Verordnung mit Zustimmung des Bundesrats festgesetzt.

Urkundlich usw.

Gegeben usw.

Zusammenstellung der Reichsabgaben im Post- und Telegraphenverkehr

Lfde. Nr.	Gegenstand	Als Reichsabgabe wird ein Zuschlag zu den Post- und Telegraphengebühren erhoben in Höhe von	
1.	Briefe		
	a) im Orts- und Nachbarortsverkehr	$2^1/_2$ Pf.	von jeder Sendung
	b) im sonstigen Verkehr	5 "	
2.	Postkarten	$2^1/_2$ "	
3.	Pakete		
	I. bis zum Gewichte von 5 Kilogramm		
	a) auf Entfernungen bis 75 Kilometer einschließlich	5 "	
	b) auf alle weiteren Entfernungen	10 "	
	II. beim Gewicht über 5 Kilogramm		
	a) auf Entfernungen bis 75 Kilometer einschließlich	10 "	
	b) auf alle weiteren Entfernungen	20 "	
4.	Briefe mit Wertangabe		
	a) auf Entfernungen bis 75 Kilometer einschließlich	5 "	
	b) auf alle weiteren Entfernungen	10 "	
5.	Postauftragsbriefe	5 "	
6.	Telegramme	2 "	von jedem Worte, mindestens 10 Pf. von jedem Telegramm
7.	Rohrpostbriefe und Rohrpostkarten	5 "	von jeder Sendung
8.	Anschlüsse an ein Orts-, Vororts- oder Bezirksfernsprechnetz	10 v. H.	von jeder Pausch- oder Grundgebühr
9.	Ortsgespräche von Teilnehmeranschlüssen gegen Grundgebühr, Gespräche im Vorortsverkehr, im Bezirksverkehr und im Fernverkehr	10 v. H.	von der Gebühr für jedes Gespräch
10	Fernsprech-Nebenanschlüsse	10 v. H.	von der Gebühr für jeden Nebenanschluß

Anmerkungen:

I. Ermäßigungen. Zu Nr. 9. Für dringende Gespräche ist die Reichsabgabe nur in Höhe der Abgabe für nicht dringende Gespräche zu erheben.

II. Befreiungen.

Von der Reichsabgabe sind frei:

a) (Zu § 1) Sendungen, die an Angehörige des Heeres und der Marine gerichtet sind oder von ihnen herrühren, wenn sie Porto- oder Gebührenvergünstigungen genießen.

b) (Zu § 1) Sendungen im Verkehr mit dem Auslande, soweit Verträge mit anderen Staaten entgegenstehen.

c) (Zu Nr. 3) Gewöhnliche Pakete, die nur Zeitungen oder Zeitschriften enthalten, wenn die Zeitungen oder Zeitschriften vom Verleger an andere Zeitungsverleger oder an Personen verschickt werden, die sich nicht gewerbsmäßig mit dem Vertriebe dieser Zeitungen oder Zeitschriften befassen. Die Postanstalten sind berechtigt, zum Zwecke der Prüfung des Paketinhalts die Öffnung der Pakete an Amtsstelle zu verlangen oder selbst vorzunehmen. Die näheren Bestimmungen werden durch die Postordnung erlassen.

d) (Zu Nr. 6) Pressetelegramme, das sind an Zeitungen, Zeitschriften oder Nachrichtenbureaus gerichtete Telegramme in offener Sprache, wenn ihr Inhalt aus politischen, Handels- oder anderen Nachrichten von allgemeiner Bedeutung besteht, die zur Veröffentlichung in Zeitungen und Zeitschriften bestimmt sind. Die näheren Bestimmungen werden durch die Telegraphenordnung erlassen.

III. Übergangsvorschriften.

a) (Zu Nr. 1b) Bei Briefen, die nach den bisherigen Vorschriften freigemacht sind, wird in den ersten beiden Monaten nach dem Inkrafttreten dieses Gesetzes nur die Reichsabgabe, nicht das gesetzliche Zuschlagporto von 10 Pfennig nacherhoben.

b) (Zu Nr. 8 und 10) Jeder Teilnehmer ist in den ersten beiden Monaten nach dem Inkrafttreten dieses Gesetzes berechtigt, seinen Anschluß mit einmonatiger Frist zu kündigen.

XIIa. Verordnung über das Inkrafttreten des Gesetzes, betreffend eine mit den Post- und Telegraphengebühren zu erhebende außerordentliche Reichsabgabe.

Vom 21. Juni 1916.

(RGBl. S. 580.)

Wir Wilhelm, von Gottes Gnaden Deutscher Kaiser, König von Preußen usw. verordnen auf Grund des § 5 des Gesetzes, betreffend eine mit den Post- und Telegraphengebühren zu erhebende außerordentliche Reichsabgabe, vom heutigen Tage im Namen des Reichs, nach erfolgter Zustimmung des Bundesrats, was folgt:

Das Gesetz, betreffend eine mit den Post- und Telegraphengebühren zu erhebende außerordentliche Reichsabgabe, vom heutigen Tage tritt mit dem 1. August 1916 in Kraft.

Urkundlich usw.

Gegeben usw.

XIII. Gesetz über einen Warenumsatzstempel.

Vom 26. Juni 1916.

(RGBl. S. 639.)

Wir Wilhelm, von Gottes Gnaden Deutscher Kaiser, König von Preußen usw. verordnen im Namen des Reichs, nach erfolgter Zustimmung des Bundesrats und des Reichstags, was folgt:

Art. I. 1. Die §§ 76 bis 83 und die Tarifnummer 10 des Reichsstempelgesetzes vom 3. Juli 1913 (Reichs-Gesetzbl. S. 639) werden aufgehoben.

Für die bei dem Inkrafttreten dieses Gesetzes in den Händen der Steuerpflichtigen vorhandenen ungebrauchten gestempelten Scheckvordrucke und Scheckstempelmarken wird nach näherer Bestimmung des Bundesrats Ersatz des Steuerwerts gewährt.

2. Im § 111 Abs. 2 des Reichsstempelgesetzes wird die Zahl „81" gestrichen.

3. § 116 Abs. 2 Satz 2 und § 117 Abs. 2 des Reichsstempelgesetzes werden gestrichen.

Art. II. Im Tarif zum Reichsstempelgesetze werden hinter Nr. 9 folgende Vorschriften eingestellt:

1	2	3				4
Nr.	Gegenstand der Besteuerung	Steuersatz				Berechnung der Stempelabgabe
		vom Hundert	vom Tausend	M	Pf	
	Warenumsätze					
10.	Anmeldungen der Gewerbetreibenden (§ 76) über bezahlte Warenlieferungen		1			des Gesamtbetrags der Zahlungen in Abstufungen von 10 Pfennig für je volle 100 Mark. Ausländische Werte sind nach den Vorschriften über die Erhebung des Wechselstempels umzurechnen.
	Zusätze 1. Als Bezahlung der Lieferung gilt jede Leistung des Gegenwerts, auch wenn sie nicht durch Barzahlung erfolgt. Bei Tauschgeschäften gilt jede der beiden Leistungen als Bezahlung der anderen. 2. Als Warenlieferung gilt die entgeltliche Übertragung beweglicher Sachen auch dann, wenn sie ohne vorgängige Bestellung erfolgt. Als Warenlieferung gilt auch die Lieferung von Gas, elektrischem Strome und Leitungswasser. Als Waren gelten nicht Forderungen, Urheber- und ähnliche Rechte, Wertpapiere, Wechsel, Schecks, Banknoten, Papiergeld, Geldsorten und amtliche Wertzeichen, auch nicht Grundstücke und den Grundstücken gleichgestellte Rechte.					

3. Den Warenlieferungen stehen Lieferungen aus Werkverträgen gleich, wenn der Unternehmer das Werk aus von ihm zu beschaffenden Stoffen herzustellen verpflichtet ist und es sich hierbei nicht bloß um Zutaten oder Nebensachen handelt.
4. Wird bei Abwicklung mehrerer Kauf- oder Anschaffungsgeschäfte, die zwischen verschiedenen Personen über dieselben Waren oder über Waren gleicher Art abgeschlossen sind, die Ware nur einmal in Natur übertragen, so gilt dies nur als Warenlieferung desjenigen, der die Ware in Natur überträgt.
5. Wird die Ware durch Konnossement, Ladeschein oder Lagerschein übertragen, so gilt nur die Übertragung durch den ersten inländischen Inhaber des Papiers als Warenlieferung.

Befreit sind
1. Lieferungen von Gold in Barren;
2. Lieferungen von ausländischen zollpflichtigen Waren aus dem Zollausland oder aus dem gebundenen Verkehre des Zollinlandes sowie von ausländischen zollfreien Waren nach näherer Bestimmung des Bundesrats;
3. Lieferungen im Inland bezogener Waren in das Ausland;
4. Lieferungen von Gas, elektrischem Strome und Leitungswasser durch Reich, Staaten, Gemeinden oder Gemeindeverbände.

Art. III. Hinter dem § 75 des Reichsstempelgesetzes werden folgende Vorschriften eingestellt:

IX. Warenumsätze.

(Tarifnummer 10)

§ 76. Wer im Inland ein stehendes Gewerbe betreibt, hat der Steuerstelle am Schlusse des Kalenderjahrs binnen dreißig Tagen den Gesamtbetrag der Zahlungen anzumelden, die er im Laufe des Jahres für die im Betriebe seiner inländischen Niederlassung gelieferten Waren erhalten hat. Hat der Betrieb nicht bis zum Jahresschlusse bestanden, so hat die Anmeldung binnen gleicher Frist bei Beendigung des Betriebs zu erfolgen. Von später eingehenden Zahlungen ist die Abgabe nach § 83a zu entrichten. Nach näherer Bestimmung des Bundesrats kann die Frist von dreißig Tagen auf Antrag verlängert werden.

Als Gewerbebetrieb gilt auch der Betrieb der Land- und Forstwirtschaft, der Viehzucht, der Fischerei und des Gartenbaues sowie der Bergwerkbetrieb. Dem Betrieb eines stehenden Gewerbes steht der Gewerbebetrieb im Umherziehen und der Wanderlagerbetrieb gleich, wenn der Gewerbetreibende im Inland wohnt und die Waren im Inland abgesetzt sind. Die Gewerbsmäßigkeit einer Unternehmung wird nicht dadurch ausgeschlossen, daß sie von einer öffentlichen Körperschaft oder daß sie von einem Verein, einer Gesellschaft oder einer Genossenschaft, die nur an die eigenen Mitglieder liefern, betrieben wird.

Für die Anmeldungen kann ein besonderes Muster vorgeschrieben werden.

§ 77. Mit der Anmeldung ist die Abgabe gleichzeitig bei der Steuerstelle bar einzuzahlen.

Hat in einem Jahre der Gesamtbetrag der Zahlungen

zweihunderttausend Mark übersteigen, so sind auf die für das folgende Kalenderjahr fällig werdende Steuer nach näherer Bestimmung des Bundesrats vierteljährlich abschlägige Zahlungen zu leisten.

Der Bundesrat kann vorschreiben, daß die Abgabe durch Verwendung von Stempelzeichen zu den einzureichenden Anmeldungen zu entrichten ist.

Die Abgabepflicht tritt mit dem Ablauf des Zeitraums, für den die Abgabe zu entrichten ist, ohne Rücksicht auf die Anmeldung ein.

§ 78. Beläuft sich der Gesamtbetrag der Zahlungen (§ 76) auf nicht mehr als dreitausend Mark, so besteht eine Verpflichtung zur Anmeldung und eine Abgabepflicht nicht.

§ 79. Ist der Betriebsinhaber nicht imstande, den tatsächlichen Gesamtbetrag der Zahlungen anzugeben, weil für seinen Betrieb eine geregelte Buchführung nicht stattfindet und ihm auch sonstige Unterlagen für die genaue Berechnung des Gesamtbetrags fehlen, so hat er unter Versicherung dieser Tatsachen den von ihm geschätzten Gesamtbetrag der Zahlungen anzugeben und danach die Steuer zu entrichten.

Trägt die Steuerstelle Bedenken, den geschätzten Betrag als richtig anzunehmen, und führen die Verhandlungen mit dem Steuerpflichtigen nicht zu einer Einigung, so ist sie berechtigt, ihrerseits eine Schätzung vorzunehmen und danach die Steuer zu erheben, sofern sie dem Steuerpflichtigen binnen drei Monaten nach Einreichung der Anmeldung von deren Beanstandung Kenntnis gibt. Der Steuerpflichtige ist zur Auskunft über die für die Schätzung erheblichen tatsächlichen Verhältnisse und zur Vorlegung der sich hierauf beziehenden Schriftstücke verpflichtet.

§ 80. Über die von ihr vorgenommene Schätzung (§ 79) hat die Steuerstelle dem Steuerpflichtigen einen Bescheid zu erteilen. Gegen den Bescheid ist nur die Verwaltungsbeschwerde zulässig.

Die Beschwerde hat keine aufschiebende Wirkung.

§ 81. Der Steuerpflichtige ist berechtigt, an Stelle der in dem Steuerzeitraum (§ 76 Abs. 1) erfolgten Zahlungen in der Anmeldung den Gesamtbetrag des Entgelts für die in seinem Betriebe während dieses Zeitraums erfolgten Lieferungen ohne Rücksicht auf die Bezahlung anzugeben und danach die Steuer zu entrichten. Ist von diesem Rechte einmal Gebrauch gemacht, so kann er hiervon nur mit Genehmigung der Direktivbehörde und unter den von dieser festzusetzenden Bedingungen für einen folgenden Steuerzeitraum abweichen.

§ 82. Die Reichs-, Staats- und Gemeindebehörden sind verpflichtet, den Behörden für die Erhebung der nach vorstehenden Vorschriften zu entrichtenden Abgabe auf Ersuchen aus Büchern, Akten, Urkunden usw. Auskunft über die den Warenumsatz der Steuerpflichtigen betreffenden Verhältnisse zu erteilen oder Einsicht in solche Bücher, Akten, Urkunden usw. zu gestatten, die einen Aufschluß hierüber zu geben vermögen.

§ 83. Die im § 76 bezeichneten Gewerbetreibenden haben ihre Bücher und die in ihrem Gewerbebetrieb empfangenen Empfangsbekenntnisse fünf Jahre lang, vom Schlusse des Jahres ab, in welchem die Abgabe entrichtet ist, aufzubewahren.

§ 83 a. Wird für eine Warenlieferung im Betrage von mehr als einhundert Mark, die nicht im Betrieb eines inländischen Gewerbes (§ 76) erfolgt, im Inland Zahlung geleistet, so hat der Empfänger der Zahlung binnen zwei Wochen ein schriftliches Empfangsbekenntnis zu erteilen und mit eins vom Tausend des Betrags der Zahlung zu versteuern.

Die Vorschriften der Tarifnummer 10 finden entsprechende

Anwendung. Befreit sind Zahlungen für Waren, die im Wege der Zwangsvollstreckung übertragen werden. Bei Teilzahlungen ist ein versteuertes Empfangsbekenntnis über den Gesamtbetrag der bezahlten Schuld bei der letzten Teilzahlung zu erteilen.

Ist die Entrichtung der Abgabe von dem Empfänger der Zahlung unterlassen worden, so ist die Abgabe vom Empfänger des Empfangsbekenntnisses binnen zwei Wochen nach dem Tage des Empfanges und jedenfalls vor der weiteren Aushändigung des Empfangsbekenntnisses zu entrichten.

Unterbleibt die Ausstellung des Empfangsbekenntnisses, obgleich eine Verpflichtung dazu bestand, so tritt die Steuerpflicht mit der Zahlung ein.

§ 83 b. Die Verpflichtung zur Abgabenentrichtung im Falle des § 83 a wird erfüllt durch Verwendung von Vordrucken, die vor dem Gebrauche vorschriftsmäßig abgestempelt sind, oder von Stempelmarken nach näherer Anordnung des Bundesrats.

Dem Bundesrate steht die Bestimmung darüber zu, ob und unter welchen Voraussetzungen die Abgabe ohne Verwendung von Stempelzeichen entrichtet werden kann.

§ 83 c. Wer den §§ 76, 77, 79 Abs. 1, 81, 83 a zuwiderhandelt oder über die empfangenen Zahlungen oder Lieferungen (§ 81) wissentlich unrichtige Angaben macht, hat eine Geldstrafe verwirkt, welche dem zwanzigfachen Betrage der hinterzogenen Abgabe gleichkommt. Kann der Betrag der hinterzogenen Abgabe nicht festgestellt werden, so tritt Geldstrafe von einhundertfünfzig Mark bis dreißigtausend Mark ein.

Wer der Vorschrift des § 83 zuwiderhandelt, ist mit Geldstrafe bis zu dreitausend Mark zu bestrafen.

§ 83 d. Werden Empfangsbekenntnisse gerichtlich oder notariell aufgenommen, so wird für sie durch die im § 83 a angeordnete Stempelabgabe die Erhebung der in den Landesgesetzen für gerichtliche oder notarielle Aufnahmen und Beglaubigungen etwa vorgeschriebenen Abgaben nicht ausgeschlossen.

Art. IV. I. Im § 110 Satz 1 des Reichsstempelgesetzes sind vor den Worten „der Rechtsweg" die Worte einzuschalten: „soweit sich aus § 80 nichts anderes ergibt".

II. Im § 111 Abs. 2 des Reichsstempelgesetzes wird hinter die Zahl „75" eingeschaltet: „83c Abs. 1".

III. Dem § 115 Abs. 1 des Reichsstempelgesetzes werden folgende Vorschriften hinzugefügt:

„Die Erhebung der in den §§ 76 bis 81 angeordneten Abgabe kann von der Landesregierung den Gemeindebehörden gegen Vergütung übertragen werden. Die Vergütung hat der Bundesstaat aus der ihm nach § 122 Abs. 1 zustehenden Erhebungs- und Verwaltungskostenvergütung zu gewähren. Die Landesregierung erläßt die zur Regelung des Geschäftsverkehrs mit der Gemeindebehörde und den Steuerbehörden erforderlichen besonderen Bestimmungen."

IV. 1. An die Stelle des aufgehobenen § 116 Abs. 2 Satz 2 des Reichsstempelgesetzes tritt folgende Vorschrift: „Inwieweit die im § 76 bezeichneten Personen und Gesellschaften der Prüfung in bezug auf die Abgabenentrichtung nach Tarifnummer 10 und nach §§ 76ff. unterliegen, bestimmt der Bundesrat."

2. Im § 116 Abs. 4 wird das Wort „Geschäfte" durch das Wort „Rechtsvorgänge" ersetzt.

V. Im § 122 Abs. 1 des Reichsstempelgesetzes werden am Schlusse die Worte „aus der Reichskasse gewährt" durch die Worte ersetzt:

„und von der jährlichen Einnahme, welche durch bare Einzahlung der in Tarifnummer 10 angeordneten Abgabe gemäß §§ 76 bis 81 erzielt wird, der Betrag von zehn vom Hundert aus der Reichskasse gewährt."

Art. V. Dieses Gesetz tritt mit dem 1. Oktober 1916 in Kraft.

Die in den §§ 76 bis 81 des Reichsstempelgesetzes in der Fassung dieses Gesetzes angeordnete Abgabe ist erstmalig für die in die Zeit vom Inkrafttreten dieses Gesetzes bis zum 31. Dezember 1916 fallenden Zahlungen zu entrichten.

Sind für Lieferungen aus Verträgen, die vor dem Inkrafttreten dieses Gesetzes abgeschlossen sind, Zahlungen nach diesem Zeitpunkt zu leisten, so ist der Abnehmer mangels abweichender Vereinbarung verpflichtet, dem Lieferer einen Zuschlag zum Preise in Höhe der auf diese Zahlungen entfallenden Steuer zu leisten. Dieser Preiszuschlag bildet keinen Grund zur Vertragsaufhebung.

Urkundlich usw.

Gegeben usw.

XIV. Gesetz, betreffend die Abwälzung des Warenumsatzstempels.

Vom 30. Mai 1917.

(RGBl. S. 441.)

§ 1. Für Lieferungen aus Verträgen, die nach dem 30. September 1916 abgeschlossen sind, ist der Lieferer nicht berechtigt, den auf die Lieferung oder deren Bezahlung entfallenden Warenumsatzstempel dem Abnehmer neben dem Preise ganz oder teilweise gesondert in Rechnung zu stellen.

Der Abnehmer aus einem Lieferungsvertrag ist nicht berechtigt, den bei der Weiterveräußerung der Ware auf ihre Lieferung oder Bezahlung entfallenden Warenumsatzstempel von dem ihm von seinem Lieferer in Rechnung gestellten Preise zu kürzen.

Auf eine Vereinbarung, die den vorstehenden Vorschriften entgegensteht, kann sich der Lieferer, im Falle des Abs. 1 Satz 2 der Abnehmer, nicht berufen.

§ 2. Ist der in Rechnung gestellte Betrag vor dem Inkrafttreten dieses Gesetzes gezahlt oder ist im Falle des § 1 Abs. 1 Satz 2 die Kürzung des Betrags vom Lieferer vor diesem Zeitpunkt anerkannt worden, so kann eine Rückforderung oder Nachforderung aus § 1 nicht geltend gemacht werden.

§ 3. Dieses Gesetz tritt mit dem Tage seiner Verkündung in Kraft.

Urkundlich usw.

Gegeben usw.

Sachregister.

(Die römische Ziffer bedeutet die Nummer des Gesetzes [s. Inhaltsübersicht und Seitenüberschriften], die arabische die Paragraphen.)

B

D

E

H

J

K

L

M

N

Roßberg'sche Buchdruckerei, Leipzig.

Nr. **9.** Sammlung **kleinerer strafrechtlicher Reichsgesetze.** Von Prof. Dr. **R. H. Kriegsmann. 3. Aufl. — 1910.** 4,50 ℳ

Nr **10.** Das **Reichsbeamtengesetz** vom 31. März 1873. Von **J. Pieper. — 2. Aufl. 1901.** 5,— ℳ

Reichsbeamtengesetz von **1907**, siehe Nr. **82.**

Nr. **11. Zivilprozeßordnung mit Gerichtsverfassungsgesetz.** Von **R. Sydow.** Fortgeführt von Reichs-G Rat **L. Busch. 14. Aufl.** mit Nachtrag, Novellen vom 9. Sept. 1915 u. 18. Mai 1916. **8⁰. — 1913.** 9,— ℳ

Nr. **12. Strafprozeßordnung und Gerichtsverfassungsgesetz** nebst den Gesetzen, betr. die Entschädigung der im Wiederaufnahmeverfahren freigesprochenen Personen und die Entschädigung für unschuldig erlittene Untersuchungshaft. Von Reichs-G.Rat Dr. **A. Hellweg. 16. Aufl.**, bearbeitet von Prof. Dr. **Kohlrausch.** Mit Nachtrag, enth. die Bekanntmachung über die Entlastung der Strafgerichte. — **1912.** 3,40 ℳ

Nr. **13. Konkursordnung und Anfechtungsgesetz.** Von **R. Sydow.** Fortgeführt von **L. Busch. 12. Aufl. — 1916.** 4,20 ℳ

Nr. **14. Gerichtsverfassungsgesetz** mit Einführungsgesetz. Herausgegeben von **R. Sydow.** Fortgeführt von **L. Busch. 9. Aufl. — 1905.** 1,80 ℳ

Nr. **15. Das Deutsche Gerichtskostengesetz** nebst den Gebührenordnungen für Gerichtsvollzieher, Zeugen und Sachverständige. Von **R. Sydow.** Bearbeitet von **L.** und **A. Busch. 9. Aufl.** mit Nachtrag, enth. die Novelle vom 10. Juni 1914. **1912.** 3,— ℳ

Nr. **16. Rechtsanwaltsordnung.** Von **R. Sydow. 5. Aufl.** von Justizrat **M. Jacobsohn.** Mit Nachtrag, enth. die Bestimmungen vom 22. Mai 1910. — **1907.** 1,50 ℳ

Nr. **17.** Die **Deutsche Gebührenordnung für Rechtsanwälte und das Preußische Gebührengesetz** vom 27. IX. / 6. X. 1899.

Von **R. Sydow.** Fortgeführt von **L.** und **A. Busch. 11. Aufl.** Mit Nachtrag, enth. die Bestimmungen vom 8. Nov. 1916. — **1914.** 3,40 *M*

Nr **18. Reichsstempelgesetz** vom 3. Juli 1913. (Börsen-, Lotterie-, Frachturkunden-, Fahrkarten-, Kraftfahrzeug-, Tantieme-, Scheck- und Grundstücksübertragungssteuer.) Mit den gesamten Ausführungsbestimmungen. **12. Aufl.** von Geh Reg.-Rat **P. Loeck,** mit Nachtrag, enth. das **Frachturkunden-** und **Warenumsatzstempelgesetz** vom 17 und 26. Juni 1916. — **1914. 8 °.** 10,— *M*

Nachtrag: **Frachturkunden-** und **Warenumsatzstempel** einzeln 1,50 *M*

Nr. **19.** Die **Seegesetzgebung.** Von Dr. **W. E. Knitschky. 5. Aufl.** bearbeitet von Ober-L.G Rat **O. Rudorff.** — **1913.** 8,50 *M*

Nr. **20. Krankenversicherungsgesetz (1883).** Von weil. Dr **E. von Woedtke.** — Neue Fassung **(1911),** siehe **Nr. 107.**

Nr. **21.** Die **Konsulargesetzgebung.** Von Prof. Dr **Ph. Zorn. 3. Aufl.** von Dr **K. Zorn.** — **1911.** 5,— *M*

Nr. **22. Patentgesetz.** Nebst Ausführungsbestimmungen, völkerrechtlichen Verträgen und der Patentanwalts-Ordnung. **7. Aufl.** bearbeitet von **R. Lutter,** Geh. Reg.Rat im Kaiserl. Patentamt. — **1908.** 3,20 *M*

Nr. **23. Gewerbe-Unfallversicherungsgesetz. (1884.)** Von weil. Dr **E. v. Woedtke.** — Neue Fassung **(1911),** siehe **Nr. 108.**

Nr. **24. Aktiengesellschaft und Kommanditgesellschaften auf Aktien.** Von Dr **H. Keyßner** und Dr **H. Veit Simon. 6. Aufl.** von Amtsrichter **L. Keyßner.** — **1911.** 3,40 *M*

Nr. **25. Brausteuergesetz** vom 15. Juli 1909. Von Oberzollrevisor **A. Düffe. 2. Aufl.** — **1910.** 3,40 *M*

Nr. **26.** Die Reichsgesetzgebung über **Münz- und Notenbankwesen,** Papiergeld, Prämienpapiere und Reichsschulden. Von Dr **R. Koch. 6. Aufl.** — **1910.** 4,50 *M*

Nr 27. **Gesundheitswesen im Deutschen Reich.** Von Dr jur **E. Goesch** und Dr med **J. Karsten. — 1888.** 2,– *M*

Nr. 28. Bau-Unfallversicherungsgesetz. Vom 30 Juni 1900. Von **R. Chrzescinski.** Neue Fassung **(1911)**, siehe Nr **108.**

Nr **29. Erwerbs- und Wirtschaftsgenossenschaften.** Von **L. Parisius** und Dr **H. Crüger. 15. neu bearbeitete Aufl.** von Dr **H. Crüger. – 1916.** 3 – *M*

Nr **30. Invalidenversicherungsgesetz** (1899) Von weil. Dr **E. v. Woedtke.** Neue Fassung **(1911)**, siehe Nr **109.**

Nr **31. Gewerbegerichtsgesetz.** Von Stadtrat **L. Mugdan. 7. Aufl.** bearbeitet von Oberbürgermeister **W. Cuno. - 1911.** 2 80 *M*

Nr **32.** Reichsgesetz, betr die **Gesellschaften mit beschränkter Haftung.** Von **L. Parisius** und Dr **H. Crüger. 13. Aufl.** von Dr **H. Crüger. — 1914.** 2 40 *M*

Nr **33. Vereins- und Versammlungsrecht.** Von Dr **E. Ball. 2. Aufl.** von Dr **F. Friedenthal. 1907.** 2 80 *M*

Reichs-Vereinsgesetz vom 19 April 1908 siehe Nr **88.**

Nr **34.** Die **Abzahlungsgeschäfte.** Gesetz vom 16 Mai 1894 **3. Aufl.** von Land-G Rat Dr **E. Wilke. 1910.** 1 60 *M*

Nr **35.** Die **Reichs-Eisenbahngesetzgebung.** Von Kaiserl Amtsrichter **W. Coermann. - 1895.** 2 60 *M* S auch Nr **66.**

Nr **36.** Gesetze, betr die **privatrechtlichen Verhältnisse der Binnenschiffahrt und der Flößerei.** Von Geh J Rat **E. Löwe. 5. Aufl. — 1915.** 4, – *M*

Nr **37.** Gesetz gegen den **unlauteren Wettbewerb.** Von Justizrat **A. Pinner. 6. Aufl. — 1912.** 1,80 *M*

Nr. 38/39. **Bürgerliches Gesetzbuch nebst Einführungsgesetz** von Dr. **A. Achilles.** In Verbindung mit Prof. Dr. **André,** Kammer-G.Rat **Ritgen,** Reichs-G.Rat Dr. **Strecker,** Staatsrat Dr. **v. Unzner.** Herausgegeben von Wirkl. Geh. Ob.J.Rat u. Ober-L.G.Präsident **Greiff. 8.** vermehrte **Aufl. 8°. — 1916.** 10,— *M*

Nr. **40.** Gesetz, betr. die **Pflichten der Kaufleute bei Aufbewahrung fremder Wertpapiere [Depotgesetz].** Von Min.-Dir. **F. Lusensky. 3. Aufl. — 1916.** 2,50 *M*

Nr. **41. Börsengesetz.** Von Wirkl. Geh.Ob.Reg.Rat **Th. Hemptenmacher. 3. Aufl.** von Syndikus **O. Meyer. — 1915.** 4,— *M*

Nr. **42. Grundbuchordnung** nebst den preuß. Ausf.-Bestimmungen. Von Prof. Dr. **O. Fischer. 6. Aufl.** mit Nachtrag, enth. die Ergänzungen. **— 1913.** 2,25 *M*

Nr. **43. Zwangsvollstreckung in das unbewegliche Vermögen** im Reiche und in Preußen. Kosten- und Gebührentabellen. Von Dr. **J. Krech** u. Dr. **O. Fischer. 8. Aufl.** bearbeitet von Prof. Dr. **O. Fischer. — 1916.** 3,— *M*

Nr. **44.** Das Reichsgesetz über das **Auswanderungswesen.** Von Prof. Dr. **F. Stoerk. — 1899.** 2,50 *M*

Nr. **45.** Das **Entmündigungsrecht** mit den für Preußen geltenden Vorschriften nebst Just.-Min.-Verfügung vom 28. Nov. 1899. Von Land-G.Rat Dr. **P. Koll. — 1900.** 1,80 *M*

Nr. **46.** Die Gesetze des Reiches und Preußens über die **freiwillige Gerichtsbarkeit.** Von Amts-G.Rat **H. Jastrow. 5. Aufl. — 1911.** 4,— *M*

Nr. **47.** Das **deutsche Vormundschaftsrecht** und das preuß. Gesetz über die Fürsorgeerziehung Minderjähriger nebst den dazu gehörigen preuß. Nebengesetzen. Von Ober-Verw.G.Rat **M. Schultzenstein** u. Amts-G.Rat Dr. **P. Köhne. 2. Aufl. — 1901.** 3,40 *M*

Nr. **48.** Gesetze, betr. den **Drogen-, Gift- und Farbenhandel** außerhalb der Apotheken. Von Dr. **J. Broh.** — **1899.** 1,50 ℳ

Nr. **49.** Deutsche **Kolonialgesetzgebung.** Von Geh. J.Rat Prof. Dr. **Ph. Zorn. 2. Aufl.** von G.Assessor Dr. **Sassen.** — **1913.** 8,— ℳ

Nr. **50.** Der **Viehkauf [Viehgewährschaft] nach dem BGB.** Verordnung betr. die Hauptmängel und Gewährsfristen beim Viehhandel. Von Rechtsanwalt Dr. **H. Stölzle** und Königl. Reg.- u. Vet.Rat **H. Weiskopf. 5. Aufl.** — **1913.** 6,50 ℳ

Nr. **51. Hypothekenbankgesetz** vom 13. Juli 1899. Von Dr. **H. Göppert. 2. Aufl.** bearbeitet von Geh. Reg Rat Dr. **Seidel. 1911.** — 2,60 ℳ

Nr. **52.** Gesetz, betr. die gemeinsamen **Rechte der Besitzer von Schuldverschreibungen.** Von Dr. **H. Göppert. 2. Aufl.** bearbeitet von Amtsrichter Dr. **E. Trendelenburg.** — **1915.** 2,— ℳ

Nr. **53. Reichspreßgesetz** vom 7. Mai 1874. Mit Kommentar von Bürgermeister **A. Born. 2. Aufl.** — **1911.** 2,40 ℳ

Nr. **54.** Die Reichsgesetzgebung über den Verkehr mit **Nahrungsmitteln, Genußmitteln** und **Gebrauchsgegenständen.** Von Dr. **G. Lebbin,** Nahrungsmittelchemiker in Berlin. — **1900.** 2,50 ℳ

Nr. **55.** Das Recht der **Beschlagnahme von Lohn- und Gehaltsforderungen.** Von Justizrat **G. Meyer. 5. Aufl.** — **1914.** 3,— ℳ

Nr. **56.** Gesetz, betr. die **Bekämpfung gemeingefährlicher Krankheiten.** Nebst Ausf.-Bestimmungen. Von Reg.Rat Dr. **B. Burkhardt.** — **1900.** 1,60 ℳ

Nr. **57. See-Unfallversicherungsgesetz (1887).** Von Ober-L.G.Rat Dr. **M. Mittelstein.** — Neue Fassung **1911,** siehe Nr. **108.**

Nr. **58. Das Recht der unehelichen Kinder nach dem BGB.** Von Amtsgerichtsrat. **H. Jastrow. — 1901.** 2,— ℳ

Nr. **59.** Reichsgesetz über die **Beurkundung des Personenstandes und die Eheschließung.** Von Amts-G.Rat Dr **F. Fidler. 2. Aufl. — 1912.** 2,80 ℳ

Nr. **60.** Gesetz, betr. das **Urheberrecht an Werken der Literatur und der Tonkunst.** Von Geh Ob.J Rat **O. Lindemann. 3. Aufl. — 1910.** 1,80 ℳ

Nr. **61.** Gesetz über das **Verlagsrecht.** Von Rechtsanwalt Dr **B. Marwitz. 2. Aufl. — 1911.** 2,— ℳ

Nr. **62.** Gesetz über **private Versicherungsunternehmungen.** Von Reichs-G Rat **H. Könige. 2. Aufl. — 1910.** 4,50 ℳ

Nr. **63. Gesetzestafel des Deutschen Reichsrechts.** Systematisch geordnete Nachweisung des z. Z geltenden Reichsrechts Von **H. Bruhns. 2. Aufl. — 1913.** 4,— ℳ

Nr. **64.** Gesetzsammlung betr. den **Handel mit Drogen und Giften.** Mit Anhang: landesgesetzliche Verordnungen sämtlicher Bundesstaaten. Von Rechtsanwalt **H. Sonnenfeld,** Syndikus der Berliner Drogisten-Innung **2. Aufl. — 1912.** 4,50 ℳ

Nr. **65.** Das **Weingesetz** in der Fassung von 1909. Mit Ausf.-Bestimmungen von Dr **G. Lebbin,** Nahrungsmittelchemiker. **2. Aufl. — 1909.** 2,80 ℳ

Nr. **66.** Die **Eisenbahn-Gesetzgebung.** Von **W. Pietsch,** Rechn.Rat im Reichseisenbahnamt. **2. Aufl. — 1913.** 4,— ℳ

Nr. **67. Militär-Strafgesetzbuch für das Deutsche Reich.** Von Wirkl. Geh. Kriegsrat Dr **A. Romen** und Kriegsgerichtsrat Dr **C. Rissom. 2. Aufl. — 1916.** 10,— ℳ

Nr. **68.** Das **Fleischbeschaugesetz.** Vom 3. Juni 1900. Von Dr **G. Lebbin** u. Dr **G. Baum. — 1903.** 4,50 ℳ

Nr. **69.** Reichsgesetz über die **Naturalleistungen der bewaffneten Macht im Frieden** nebst den preußischen Bestimmungen. Von Dr. **W. v. Hippel. — 1903.** 1,60 *M*

Nr. **70.** Das **Reichs-Haftpflichtgesetz** vom 7. Juni 1871. Von Reg.Rat Dr. **G. Eger. — 1903** Vergriffen.

Nr. **71.** Gesetz betr. **Kinderarbeit in gewerblichen Betrieben** vom 30 März 1903. Von Ober-Verw G Rat **H. Spangenberg. 2. Aufl. — 1904.** 1,80 *M*

Nr. **72. Unfallversicherungsgesetz für Land- und Forstwirtschaft.** (1886) Von weil. Dr. **E. v. Woedtke.** Siehe Nr. **108.**

Nr. **73. Entschädigung für unschuldig erlittene Verhaftung und Bestrafung.** Anhang: Nebengesetze über Schadensersatz. Von Wirkl. Geh Kriegsrat Dr. **A. Romen. — 1904.** 2,40 *M*

Nr. **74.** Die **Kaufmannsgerichte** nebst Ausf.-Bestimmungen. Von Prof. Dr. **M. Apt. 3. Aufl. — 1904.** 2,40 *M*
Siehe auch Nr. **112.**

Nr. **75.** Reichsgesetz über die **Konsulargerichtsbarkeit.** Von Rechtsanwalt Dr. **A. F. Vorwerk,** Schanghei **2. Ausgabe,** mit den Schutzgebietsgesetzen — **1908.** 2,40 *M*

Nr. **76. Die Rechtshilfe im Verkehr mit den ordentlichen Gerichten** nach deutschem Reichsrecht Von Landrichter Dr. **A. Friedländer. — 1906.** 2,— *M*

Nr. **77. Das Reichserbschaftssteuergesetz.** Vom 3. Juni 1906. Von **U. Hoffmann. 3. Aufl.** in Vorbereitung

Nr. **78. Zigarettensteuergesetz.** Vom 3. Juni 1906. Von Reg.Assessor Dr. **Cuno.**

Nr. **79. Die Militärpensionsgesetze** vom 31. Mai 1906 nebst Ausf.-Bestimmungen. Zum Gebrauch für **Heer, Marine**

und Schutztruppe von Wirkl. Geh. Kriegsrat Dr **A. Romen**
a) I. Teil: **Offizierpensionsgesetz. — 1907.** 3,80 M
b) II. Teil: **Mannschaftsversorgungsgesetz** mit Nachtrag, enth. **Kapitalabfindungsgesetz** vom 3. Juli 1916. — **1908.** 3,80 M

Nr. **80.** Reichsgesetzgebung über **gerichtliche Registerführung.** Von Geh Ob J Rat **O. Lindemann. — 1906.** 3,40 M

Nr. **81. Urheberrecht an Werken der bildenden Künste und der Photographie.** Von Rechtsanwalt Dr **L. Fuld. — 1907.** 1,25 M

Nr. **82. Reichsbeamtengesetz** vom 18. Mai 1907 mit Ergänzungen von Geh Rat Prof Dr **A. Arndt. — 1908.** 3,40 M

Nr. **83.** Reichsgesetz über den **Versicherungsvertrag** nebst Einführungsgesetz Von Dr **P. Hager** und Dr **E. Bruck. 3. verm. u. verb. Aufl. — 1913.** 6,50 M

Nr **84. Sammlung kleinerer privatrechtlicher Reichsgesetze.** Von Ober-L G Rat **G. Müller. — 1908.** 7,— M

Nr. **85. Scheckgesetz.** Von Prof Dr **M. Apt.** Vergriffen. Siehe Nr **113.**

Nr **86. Die Auslieferungsverträge des Deutschen Reiches.** Von Landrichter Dr **A. Cohn. — 1908.** 4,50 M

Nr **87.** Gesetz zum **Schutz der Warenbezeichnungen.** Von Geh. Reg Rat, Mitgl des Kaiserl Patentamts Dr **Freund** und Rechtsanwalt **Magnus. 5. Aufl. — 1909.** 4,— M

Nr. **88. Vereinsgesetz** vom 19 April 1908 Von Wirkl. Geh. Kriegsrat Dr **A. Romen.** Mit den **neuen Bestimmungen** über **Jugendliche und Gewerkschaften. 4. Aufl. — 1916.** 3,50 M

Nr **89. Vogelschutzgesetz** vom 30 Mai 1908 nebst den das Flugw ld betr Bestimmungen der Preuß. Jagdordnung. Von Dr **L. v. Boxberger. — 1909.** 1,25 M

Guttentagsche Sammlung Deutscher Reichsgesetze.

Nr. **90.** Die Haager Abkommen über das **Internationale Privatrecht.** Von Dr. **G. Bogeng.** — **1908.** 2,50 M

Nr. **91. Eisenbahn-Verkehrsordnung** mit Ausf.-Bestimmungen. Von Reg.Rat Dr. **E. Blume.** — **1909.** 2,80 M

Nr. **92.** Gesetz, betr. den **Verkehr mit Kraftfahrzeugen.** Von Amts-G Rat **R. Kirchner. 3. Aufl.** — **1915.** 4,50 M

Nr. **93.** Gesetz über die **Sicherung der Bauforderungen.** Von Justizrat Dr. **E. Harnier. 3. Aufl.** — **1912.** 1,80 M

Nr. **94. Haftpflicht der Reichs- und Staatsbeamten** von Dr. **H. Delius. 2. Aufl.,** mit dem Gesetz über Haftung des Reichs für Beamte vom 22 Mai 1909 — **1909.** 3,80 M

Nr. **95.** Die Berner Übereinkunft über **Internationales Urheberrecht.** Von Geh Rat Dr. **H. Dungs.** — **1910.** 1,25 M

Nr. **96. Branntweinsteuergesetz** vom 15. Juli 1909 mit den für das Reich erlassenen Ausf.-Bestimmungen und Kriegsverordnungen. **2. Aufl.,** bearbeitet von Reg.-Assessor Dr. **K. Kniebe,** Hilfsarbeiter im Reichsamt d. Innern — **1916.** 4,— M

Nr. **97. Schutzgebietsgesetz** nebst V.O. betr. die Rechtsverhältnisse in den Schutzgebieten, dem G. über die Konsulargerichtsbarkeit sowie den Ausf.-Bestimmungen. Von **J. Gerstmeyer,** Wirkl. Legationsrat und vortr. Rat im Reichskolonialamt. — **1910.** 3,40 M

Nr. **98. Sechs Haager Abkommen** über **Internationales Privatrecht.** Von Geh. Ob. Reg. Rat Dr. **H. Dungs.** — **1910.** 1,80 M

Nr. **99. Die Abkommen der Haager Friedenskonferenz.** Von Dr. **H. Wehberg.** — **1910.** 3,40 M

Nr. **100.** Gesetz über den **Absatz von Kalisalzen.** Von Geh. Bergrat **E. Voelkel.** — **1910.** 2,60 M

Guttentagsche Sammlung Deutscher Reichsgesetze.

Nr. **101. Zuwachssteuergesetz** vom 14 Februar 1911 Von Geh. Reg.Rat Dr **W. Cuno. – 1911.** 4,– *M*

Nr. **102. Urheberrecht an Mustern und Modellen** und Ges. betr Schutz von **Gebrauchsmustern.** Von Reg Rat **J. Neuberg,** Mitgl d Kaiserl Patentamts – **1911.** 2.60 *M*

Nr **103. Reichs-Viehseuchengesetz** vom 26 Juni 1909 nebst Ausführungsvorschriften u dem preuß. Ausführungsgesetz Von Landrat Dr **W. v. Hippel. 2. Aufl. – 1912.** 5 – *M*

Nr **104. Versicherungsgesetz für Angestellte** vom 20 Dez. 1911 Von Rechtsanwalt **O. Bernstein** und Dr **J. Kupferberg. 2. Aufl. – 1912.** 3,80 *M*

Nr **105. Das Geldwesen in den deutschen Schutzgebieten.** Von **W. Hintze,** Geh Sekr im Reichskolonialamt – **1912.** 2 25 *M*

Nr **106–109. Reichs-Versicherungsordnung nebst Einführungsgesetz.** Herausgegeben unter Mitwirkung von Dr **F. Caspar,** Wirkl Geh Rat Direktor im Reichsamt d Innern und **A. Spielhagen,** Geh Ob Reg Rat, vortr Rat im Reichsamt d Innern **4 Bände.**

Nr **106.** I V u VI Buch **Gemeinsame Vorschriften. – Beziehungen der Versicherungsträger zu einander und zu anderen Verpflichteten. Verfahren.** Von Dr **K. Lippmann,** Reg Rat im Reichs-Vers Amt Geh Reg Rat Dr **L. Laß** und Geh Reg Rat **H. Siefart,** vortr Räte im Reichsamt d Innern – **1913.** 6.50 *M*

Nr **107.** II Buch **Krankenversicherung.** Von Geh Reg Rat **H. Siefart** und Reg Rat Dr **F. Sitzler. 1916.** 7 50 *M*

Nr **108.** III Buch **Unfallversicherung.** Von Geh Reg Rat **A. Radtke,** Senatsvors im R Vers Amt – **1913.** 8 50 *M*

Nr **109.** IV Buch **Invaliden- und Hinterbliebenenversicherung.** Von Geh Ob Reg Rat **B. Jaup,** vortr Rat im Reichsamt d Innern und **H. Follmann,** Geh Reg Rat im R Vers Amt. – **1912.** Mit Nachtrag 1914—1916 4,50 *M*

Nr. 110. **Wehrbeitragsgesetz** mit Ausf.-Bestimmungen. Von Wirkl.Geh.Ob.Fin.Rat **A. Fernow. 2. Aufl. — 1913.** 2,25 *M*

Nr. 111. **Reichs- und Staatsangehörigkeitsgesetz.** Vom 22. Juli 1913 Von Wirkl. Geh. Kriegsrat Dr **A. Romen. — 1913.** 2,50 *M*

Nr. 112. **Kaufmannsgerichtsgesetz** mit Best. des Gewerbegerichtsgesetzes. Von Dr **H. Depène**, Vors. des Kaufmannsgerichts zu Berlin. — **1914.** 2,80 *M*

Nr. 113. **Postscheckgesetz.** Von Oberpostinspektor **J. Weiland. — 1914.** 1,80 *M*

Nr. 113 a. **Postscheckordnung** mit Ausf.-Bestimmungen. Von Oberpostinspektor **J. Weiland. — 1914.** 1,80 *M*

Nr. 114. **Waffengebrauch und Festnahmerecht des Militärs.** Von Wirkl. Geh. Kriegsrat Dr **A. Romen** und Kriegsgerichtsrat Dr **C. Rissom. — 1914.** 2,25 *M*

Nr. 115. **Das vertragliche Wettbewerbsverbot [Konkurrenzklausel].** Nebst Kommentar zum G v. 10. Juni 1914. Von Rechtsanwalt Dr **G. Baum. — 1914.** 3,40 *M*

Nr. 116. **Kriegs-Zivil- und -Finanzgesetze** vom 4 Aug. 1914 und den dazu erlassenen Verordnungen und Bekanntmachungen. **3. Aufl. — 1915.** 2,60 *M*

Nr. 116 a. **Kriegs-Zivil- und -Finanzgesetze.** Zweite Folge: Das Jahr 1915 — **1916.** 2,25 *M*

Nr. 117. **Darlehnskassengesetz.** Von Rechtsanwalt **Salomon** und Bankvorsteher **Bud. — 1915.** 2,25 *M*

Nr. 118. **Militärhinterbliebenengesetz.** Von Rechn.Rat **Reh.** Mit Nachtrag, enth. das **Kapitalabfindungsgesetz** vom 11. Juli 1916. — **1915.** 2,80 *M*

Nr. **119. Kriegsleistungsgesetz.** Von Rechtsanwälten J.Rat **Heilberg** und **Schäffer. — 1915.** 3,20 *M*

Nr. **120. Telegraphenwegegesetz.** Von Postreferendar **Wolf. — 1916.** 1,80 *M*

Nr. **121. Direkte Kriegssteuer.** Gesetze zur Besteuerung der Kriegsgewinne. Von Ob.Verw.G.Rat **A. Mrozek. — 1916.** 4,50 *M*

Nr. **122. Gesetz über den Belagerungszustand** Von Kriegsgerichtsrat Dr. **H. Pürschel. — 1916.** 5,— *M*

Nr. **123. Warenumsatzstempel.** Von Geh. Ob.J.Rat **Lindemann. — 1916.** 2,50 *M*

Nr. **124. Todeserklärung Kriegsverschollener.** Von Prof. Dr. **J. Partsch. — 1916.** 3,— *M*

Nr. **125.** Das Gesetz über den **vaterländischen Hilfsdienst** mit Einleitung und amtlichen Materialien. **3. vermehrte Aufl. — 1917.** 1,50 *M*

Nr. **126. Besitzsteuergesetz** mit Ausf.-Bestimmungen. Von Ob.Verw.G.Rat **A. Mrozek. — 1917.** 6,— *M*

Nr. **127.** Verordnung über die **Geschäftsaufsicht zur Abwendung des Konkurses** vom 14. Dez. 1916. Von Rechtsanwalt **G. Klien,** mit system. Einleitung von Geh. Hofrat Dr. **Ernst Jaeger** ord. Prof. a. d. Universität Leipzig. **— 1917.** 2,— *M*

Nr. **128.** Gesetz betr. die **Verhaftung und Aufenthaltsbeschränkung** vom 4. Dez. 1916. Nebst Anhang, betr. Entschädigung unschuldig Verhafteter. Von Wirkl. Geh. Kriegsrat Dr. **A. Romen. — 1917.** 2,50 *M*

Guttentagsche Sammlung

Preußischer Gesetze.

Text-Ausgaben mit Anmerkungen. Taschenformat.

Nr. 1. Die **Verfassungs-Urkunde** für den Preußischen Staat. Mit Einleitung, vollständigem Kommentar. Von Prof. Dr. **A. Arndt. 7. Aufl. — 1911.** 4,50 ℳ

Nr. 2. Preußische **Beamten-Gesetzgebung.** Enth. die wichtigsten Beamtengesetze in Preußen. Von **K. Pfafferoth. 5. Aufl. — 1916.** 3,— ℳ

Nr. 3. **Aufnahme** von **Nottestamenten** durch die bestellten Urkundspersonen. Anweisung mit Musterbeispielen. Von Amts-G.Rat **C. Kurtz. — 1904.** 1,80 ℳ

Nr. 4. **Gebührenordnung** für **Notare** vom 25 Juli 1910. **5. Aufl.** von Justizrat **Rausnitz. — 1917.** 5,— ℳ

Nr. 5. Gesetz vom **24. April 1854** [**betr. die außerehel. Schwängerung**]. Von Dr **Schulze. — 1873.** 0,75 ℳ
Reichs-Recht siehe: Reichsgesetze Nr. **58.**

Nr. 6. Die Preuß. **Ausführungsgesetze und Verordnungen zu den Reichs-Justizgesetzen.** Von **R. Sydow.**
Siehe Busch-Eylau, Ausführungsgesetze.

Nr. 7. Allg. **Gerichtsordnung** und Preuß. **Konkursordnung.** Von **F. Vierhaus.** Vergriffen.

Nr. 8. **Vormundschaftsordnung.** Von **F. Schultzenstein.**
Reichs-Recht siehe: Reichsgesetze Nr. **47.**

Nr. 9. Die Preußische **Grundbuchgesetzgebung.** Von Prof. Dr **Fischer.** Vergriffen siehe: Reichsgesetze Nr. **42.**

Nr. **10. Einkommensteuergesetz.** Von Wirkl. Geh. Ob. Finanzrat **A. Fernow. 8. Aufl.** Mit Nachtrag, enth. Ges. betr. Erhöhung der Zuschläge vom 8. Juli 1916. — **1913.** 5,— ℳ

Nr. 11. **Gewerbesteuergesetz.** Von Wirkl. Geh. Ob Fin. Rat **A. Fernow. 6., vermehrte Aufl. — 1915.** 4,80 *M*

Nr. 12. **Allgemeines Berggesetz.** Mit seinen Novellen und Nebengesetzen. **3. Aufl.,** bearbeitet von den Oberbergräten **Schlüter** und **Hense. — 1913.** 8,— *M*

Nr **13. Ergänzungssteuergesetz** (Vermögenssteuergesetz). Von Wirkl. Geh. Ob Fin. Rat **A. Fernow. 5. Aufl.** Mit Nachtrag, enth. Ges. betr. Erhöhung der Zuschläge vom 8. Juli 1916. **— 1914.** 4,50 *M*

Nr. **14. Kommunalabgabengesetz.** Vom 14. Juli 1893 und Ges. wegen Aufhebung direkter Staatssteuern. Von Oberbürgermeister Dr. **F. Adickes. 5. Aufl.** bearbeitet von Stadtrat Dr. **Woell. — 1911.** 2,60 *M*

Nr. **15.** Die **Kreisordnungen** für den Preußischen Staat. Von Land-G Rat **O. Kolisch. — 1894.** 4,20 *M*

Nr. **16. Konzessionierung gewerblicher Anlagen.** Von Geh. Reg Rat Dr. **W. v. Rüdiger. 2. Aufl. — 1901.** 2,— *M*

Nr. **17.** Preußisches **Gerichtskostengesetz.** Vom 25 Juli 1910. Mit Kostentabellen. Von Kammer-G. Rat Dr. **P. Siméon. 7. Aufl. — 1913.** Mit Nachtrag: Abänderungen vom 17. Febr. 1917 4,50 *M*

Nr. **18.** Preußisches **Stempelsteuergesetz** vom 30. Juni 1909. Mit sämtlichen Ausf.-Bestimmungen Von **P. Loeck. 8. Aufl.** von Reg. Rat **W. Seyffarth. — 1914.** 9,— *M*

Nr. **19.** Das **Jagdscheingesetz.** Von Wirkl Geh. Ob. Reg Rat **F. Kunze. 2. Aufl. — 1899.** 2,25 *M*

Nr. **20.** Die **preußischen Erbschaftssteuergesetze.** Von Rechn. Rat **U. Hoffmann. — 1905.** 4,— *M*
(**Reichs**-Erbschaftssteuergesetz siehe Reichsgesetze Nr. **77**).

Nr. **21.** Gesetz über die **Handelskammern.** Von Min. Dir. **F. Lusensky. 2. Aufl. — 1909.** 3,40 *M*

Nr. **22.** Gesetz, betr. **Anstellung und Versorgung der Kommunalbeamten.** Von Dr **W. Ledermann. 2. Aufl.**, bearbeitet von Dr **L. Brühl. — 1914.** 2,40 M

Nr. **23. Ausführungsgesetz zum Bürgerlichen Gesetzbuche.** Von Kammer-G.Rat Dr **P. Siméon. 3. Aufl. — 1914.** 2,40 M

Nr. **24.** Die **Hinterlegungsordnung. (1879)** Von Reg.Rat Dr **G. Bartels. 2. Aufl. — 1908.** 2,— M
Neues Gesetz vom 21 April 1913 siehe Nr. **53.**

Nr. **25. Preußische Kommunalbeamtengesetzgebung.** Von Mag.Assessor Dr **F. Kremski,** Berlin. **— 1901.** 3,40 M

Nr. **26.** Gesetze über das **Diensteinkommen der Lehrer und Lehrerinnen, Ruhegehalt und Hinterbliebenenfürsorge.** Tabelle zur Berechnung der Ruhegehalts-, Witwen- und Waisenbezüge. Von Bürgermeister Dr **E. Cremer. — 1900.** 2,60 M

Nr. **27.** Gesetz, betr. die **Warenhaussteuer.** Von Geh. Ob.Fin.Rat Dr **G. Strutz. — 1900.** 1,50 M

Nr. **28.** Die **Fürsorgeerziehung Minderjähriger.** Von Geh. Justizrat Dr **P. F. Aschrott.** Mit Ausführungsbestimmungen und allen wichtigeren Ministerialerlassen. **3. Aufl. — 1917.** ca. 5,— M

Nr. **29.** Gesetz, betr. **die ärztlichen Ehrengerichte, das Umlagerecht und die Kassen der Aerztekammern.** Von Amts-G.Rat Dr **F. Fidler. — 1901.** 1,80 M

Nr. **30.** Das **Preußische Staatsschuldbuch** und **Reichsschuldbuch.** Von Wirkl. Geh. Ob.F.Rat **J. Mücke. — 1902.** 2,— M

Nr. **31. Die geltenden Preußischen Gesindeordnungen. Zwei Bände.** Von Rechtsanwalt **St. Gerhard.**

31 a. Gesindeordnung für die altpreußischen Provinzen vom 8. Nov. 1810, unter Berücksichtigung der Ergänzungsgesetze, der Rechtsverhältnisse der Stellenvermittler und

Reichsversicherungsordnung, sowie die Gesindeordnungen für Neuvorpommern und Rügen und für die Rheinprovinz. **2. Aufl. — 1914.** 3,40 *M*

31 b. Gesindeordnungen für Hannover, Schleswig-Holstein, Hessen-Nassau und den Regierungsbezirk Hohenzollern — **1902.** 2,80 *M*

Nr **32. Die Städteordnung für die sechs östlichen Provinzen Preußens.** Von Dr. **W. Ledermann** u. Dr. **L. Brühl. 2. Aufl. — 1913.** 7,50 *M*

Nr **33. Rentenguts- und Anerbenrechts-Gesetzgebung in Preußen.** Von Land-G.Rat **M. Peltasohn** und Rechtsanwalt **B. Peltasohn. — 1903.** 3,40 *M*

Nr. **34.** Sammlung der wichtigsten **preußischen Strafgesetze** nebst Ges., betr. polizeil. Strafverfügungen vom 23. April 1883. Von Geh. Ob.J.Rat. **Lindemann. 2. Aufl. — 1912.** 3,60 *M*

Nr. **35. Geschäftsordnung für Gerichtsvollzieher.** Von **E. Exner. — 1904.** 3,50 *M*

Nr. **36. Polizeiverordnungen in Preußen.** Von Geh. Ob.J.Rat **O. Lindemann. — 2. Aufl. 1912.** 2,60 *M*

Nr. **37.** Gesetz, betr. **Enteignung von Grundeigentum** vom 11. Juni 1874. Von Ob.L.G.Rat **O. Meyer. 2. Aufl. — 1911.** 2,50 *M*

Nr. **38. Kreis- und Provinzial-Abgabengesetz** vom 23. April 1906. Von Gemeindevorsteher **F. Schmidt. — 1906.** 1,50 *M*

Nr. **39.** Gesetz, betr. die **Unterhaltung der öffentlichen Volksschulen.** Von Reg.Rat Dr. **A. Marcks. — 1906.** 2,25 *M*

Nr. **40. Verwaltungsstrafverfahren** bei Zuwiderhandlungen gegen die Zollgesetze und indirekte Reichs- und Landesabgaben. Von Dr. **R. Katzenstein. — 1907.** 4,— *M*

Guttentagsche Sammlung Preußischer Gesetze.

Nr. **41.** Die **preußischen Jagdpolizeigesetze.** Von Wirkl. Geh. Ob.Reg.Rat **F. Kunze** und Rechtsanwalt **R. Kühnemann. 2. Aufl. — 1907.** 4,— M

Nr. **42.** Die Gesetzgebung über die **Allgemeine Landesverwaltung** und **Zuständigkeit der Verwaltungs- und Verwaltungsgerichtsbehörden.** Von Dr. **K. Friedrichs. — 1908.** 3,40 M

Nr. **43.** Gesetz, betr die **Zulassung einer Verschuldungsgrenze** für land- und forstwirtschaftlich benutzte Grundstücke Von Syndikus Dr. **R. Leweck. — 1908.** 2,60 M

Nr. **44. Quellenschutzgesetz** nebst den Ausführungsbestimmungen. Von Geh Bergrat **E. Voelkel. — 1909.** 1,25 M

Nr. **45. Rechtsverhältnisse der Juden in Preußen.** Von Rechtsanwalt Dr. **M. Kollenscher. — 1910.** 2,60 M

Nr. **46.** Gesetz betr **Austritt aus der Landeskirche** vom 14. Mai 1873. Von Ger.-Assessor **H. Caro. -- 1911.** 2,60 M

Nr. **47.** Gesetz, betr die **Feuerbestattung.** Von Amts-G.Rat Dr. **W. Lohmann. — 1912.** 1,60 M

Nr. **48. Zweckverbandsgesetz für Groß-Berlin** vom 19. Juli 1911 nebst Abdruck des allgemeinen Zweckverbandsgesetzes. Von den Magistratsräten Dr. **L. Brühl**, Dr. **K. Gordan** und Stadtrat Dr. **W. Ledermann. — 1912.** 4,50 M

Nr. **49. Gesetze gegen die Verunstaltung landschaftlich hervorragender Gegenden** mit Ausf.-Anweisungen Von Reg.Rat **O. Goldschmidt. — 1912.** 2,60 M

Nr. **50. Gesetz, betr. die Anlegung und Veränderung von Straßen und Plätzen in Städten und ländlichen Ortschaften.** Von Oberlandgerichtsrat **O. Meyer. — 1913.** 3,40 M

Nr. **51. Das preußische Disziplinargesetz für die nichtrichterlichen Beamten** und die Privatdozenten. Von Reg.Rat Dr. **E. v. Dultzig. — 1914.** 4,80 M

Guttentagsche Sammlung Preußischer Gesetze.

Nr. **52. Preußisches Wassergesetz** v. 7. April 1913. Von den Rechtsanwälten **G. Wulff** und **F. Herold. — 1913.** 5,50 *M*

Nr. **53. Hinterlegungsordnung** v. 21. April 1913. Von Landrichter **Hagemann. — 1914.** 2,50 *M*

Nr. **54.** Gesetz betr. **Anlegung von Sparkassenbeständen in Inhaberpapieren** nebst Ausf.-Verordnung vom 8 Mai 1913. Von Rechtsanwalt **H. Döhring. — 1914.** 2,25 *M*

Kommentare. — Nachschlagebücher.

Die Gerichtspraxis.

In Verbindung mit

Amtsrichter **E. Armstroff**, Berlin-Lichterfelde, Staatsanwalt Dr. **E. Falck**, Berlin, Kammergerichtsrat **M. Gfrörer**, Berlin, Amtsrichter **W. Häuseler**, Berlin-Weißensee, Amtsgerichtsrat **G. Krause**, Berlin-Tempelhof, Amtsgerichtsrat **L. Levy**, Charlottenburg, Landrichter Dr. **M. Nadler**, Berlin, Amtsgerichtsrat **H. Riefenstahl**, Berlin

herausgegeben von

Kammergerichtsrat **Dr. Ernst Pape**

1914. Gr.-8°. 1326 Seiten. Geb. in Leinen. Preis 19,50 M

Inhaltsverzeichnis:

Zivilprozeß — Die Zwangsvollstreckung — Konkursrecht — Strafprozeß — Gefängniswesen — Freiwillige Gerichtsbarkeit — Vormundschaftswesen — Nachlaßwesen — Grundbuch- und Katasterwesen — Registerwesen — Justizverwaltung — Sachregister.

Besprechungen aus der Presse:

Der schlichte Titel läßt den reichen Inhalt des umfangreichen Bandes nicht erkennen, der eine zusammenfassende Darstellung des gesamten Gerichtsverfahrens bietet.

„Literarisches Zentralblatt für Deutschland“

Schon jetzt wird man sagen dürfen, daß das Werk vor allen anderen bestimmt ist, dem jungen Praktiker ein treuer Berater und Führer zu sein. Die leichtverständliche Schilderung und die übersichtliche Anordnung werden auch die Gerichtsschreibereibeamten sowie strebsame Bürobeamte anziehen.

„Zeitschrift für Rechtspflege in Bayern.“

Die einzelnen Abschnitte sind von erfahrenen Fachmännern bearbeitet worden, die die ihnen gestellt[illegible] ufgabe in vortrefflicher Weise gelöst haben. Auch [illegible] erste Praktiker wird Anregung und Belehrung aus dem [illegible] schöpfen.

„Leipziger Zeitschrift für Deutsches Recht“
(Staatsanwaltschaftsrat Kaempffer-Berlin)

Schlagwort-Register

R. = Nummer der Sammlung Deutscher **Reichs**gesetze.
P. = Nummer der Sammlung **Preußischer** Gesetze
S. = Seite.

Schlagwort-Register. (R. = Reichsgesetz, P. = preuß. Gesetz.)

Schlagwort-Register (R. = Reichsgesetz, P. = preuß. Gesetz.)

Guttentagsche Sammlung
von
Textausgaben ohne Anmerkungen mit Sachregister.

Die
Kriegssteuergesetze.

Rücklagegesetz mit Ausführungsbestimmungen, Kriegssteuer- und Besitzsteuer-Gesetz mit Ausführungsbestimmungen und Novellen, Tabakabgaben-, Frachturkundenstempel-, Post- und Telegraphengebühren- und Warenumsatzsteuer-Gesetz.

Zweite erweiterte Auflage

Berlin 1917
J. Guttentag, Verlagsbuchhandlung,
G. m. b. H.

Hinter dem Sachregister befindet sich ein ausführliches Verzeichnis der

Guttentagschen Sammlung

Deutscher Reichs- und Preußischer Gesetze

— Textausgaben mit Anmerkungen; Taschenformat —

die alle wichtigeren Gesetze in unbedingt zuverlässigem Abdruck und mit mustergültiger Erläuterung wiedergibt.

FSC
www.fsc.org
MIX
Papier | Fördert
gute Waldnutzung
FSC® C083411

Kolibri 360 GmbH
Ferdinand-Jühlke-Straße 7
99095 Erfurt, Deutschland
produktsicherheit@kolibri360.de